영어 그림책과
대화 중입니다

영어 그림책과 대화 중입니다

초판 1쇄 2022년 4월 22일

지은이 최성민
발행인 김재홍
총괄/기획 전재진
마케팅 이연실
디자인 현유주

발행처 도서출판지식공감
등록번호 제2019-000164호
주소 서울특별시 영등포구 경인로82길 3-4 센터플러스 1117호(문래동1가)
전화 02-3141-2700
팩스 02-322-3089
홈페이지 www.bookdaum.com
이메일 bookon@daum.net

가격 15,000원
ISBN 979-11-5622-689-5 77020

ⓒ 최성민 2022, Printed in South Korea.
- 이 책은 저작권법에 따라 보호받는 저작물이므로 무단전재와 무단복제를 금지하며, 이 책 내용의 전부 또는 일부를 이용하려면 반드시 저작권자와 도서출판지식공감의 서면 동의를 받아야 합니다.
- 파본이나 잘못된 책은 구입처에서 교환해 드립니다.

영어 그림책과 대화 중입니다

영어 그림책으로 성장하는
우리 아이 정서와 생각의 힘

최성민 지음

지식공감

Intro

리터러시, 문해력, 다독, 정독, 영어원서, AR지수, 영어 그림책, 리더스북, 챕터북….

미디어를 통해 쏟아져 나오는 수많은 영어 관련 용어에 무언가 나도 해야 할 것 같고, 그렇지 않으면 내 아이 영어의 적기를 놓쳐버릴 것 같아서 불안하면서도 무엇을 어떻게 시작할지 막막해서 망설이고 계신가요?

나는 영어 발음이 좋지 않아서, '영알못'이라서, 혹은 그림책을 읽어주시는 것이(수업을 하는 것이) 막연해서 선뜻 시작을 못 하고 계신가요?

지금 영어 그림책을 아이에게 읽어주고 있고 수업하고 있는데, 이것이 맞는 걸까? 잘하고 있는 걸까? 순간순간 의구심이 드시나요?

그렇다면 한번 잘 생각해 보십시오. 혹시 아이에게 영어 그림책을 '가르치려고' 하고 계시지는 않습니까?

그림책은 우리가 아이들에게 '가르치는' 책이 아닙니다.

그림책은 사랑하는 사람에게 '읽어주는' 책입니다.

우린 그저 전달자로서 역할을 하고, 아이들이 그림책 자체에 물들게 만들어 주어야 합니다. 읽어준 그 책에 대한 느낌과 감동, 그리고 끝나지 않은 이야기의 뒷이야기도, 이어질 상상도, 모두 책에 물들 아이의 몫입니다.

그것이 영어 그림책이라면 그림책 속의 언어인 영어가 아이에게 함께 전달되는 것뿐이죠.

내가 사랑하는 아이에게 신선한 재료로 정성껏 만든 맛있는 음식을 차려주고 그것을 아이가 맛있게 먹어줄 때, 이것이 맞는 것일까, 잘하고 있는 것일까 의심하지 않는 것처럼…

의심하실 필요 없습니다.

영어 그림책이라는 최고의 재료로, 사랑으로 함께하는 리딩은 아이의 정서와 두뇌에 최고의 밥상입니다.

Prologue

: 왜 그림책이어야 하나요?

- 그림책의 특성, 그림책을 통한 교감은 무엇을 의미하나?

그림책이란 말 그대로 그림과 글이 어우러져 이야기를 전달하는 책입니다.

어린이들의 전유물로만 여겼던 그림책은 이제 그 경계선이 없어지면서 어른들도 그림책의 매력에 함께 웃고 울며 위로받고 있습니다.

그림책 속의 글과 그림은 서로 상호보완적으로 이야기를 전달할 수도 있고, 때론 그림이 글을 대신할 수도 있으며, 때론 그림이 글과 서로 역설적인 상황을 펼쳐 내기도 합니다.

이러한 그림책의 '그림'이라는 요소가 글을 모두 읽어내지 못해도, 문장의 단어들의 뜻을 모두 이해하지 못해도 페이지의 이야기를 유추해내고, 이해할 수 있도록 해주는 중요한 역할을 해내고 있는 것이죠.

영어 그림책의 경우 아름답거나 친근한 일러스트와 함께 그 나라에서 직접 쓰이는 문장과 표현들, 더 나아가 문화를 자연스레 접할 수 있으니 큰 수고를 들이지 않고 책을 펼치는 것만으로도 우리는 정말 많은 것들을 얻을 수 있는 것입니다.

특히 아동을 위한 그림책이 우리나라보다 훨씬 먼저 고민되고, 만들어진 영미문화에선 많은 작가들의 손을 거쳐 작품처럼 탄생한 그림책들이 많습니다.

아름다운 일러스트를 담은 그림책을 펼치는 순간 나만을 위한 개인 미술 전시회가 열린 것 같은 착각을 하기도 하고, '어떻게 이러한 관점으로 풀어내었을까?' 감탄하기도 하며, 때로는 어른인 나의 감정을 이해받고 위로받는다는 생각에 가슴이 따뜻해지기도 합니다.

하지만 무엇보다도 중요한 것은 아이와 함께 책을 읽고, 이야기를 나누는 그림책을 통한 교감의 시간은 아이로 하여금 온전하게 자신에게 집중하여 책을 읽어주는 사람의 사랑을 느낄 수 있는 시간으로 저장됩니다.

그래서 베드타임스토리를 꾸준히 했던 아이들은 가끔 부모님이 너무 피곤해서 책을 읽어주지 못하는 상황이 생기면 부모님이 화가 났다고 생각하며 우는 경우가 종종 있습니다.

즉 책을 읽어주는 행위 자체가 온몸으로 전하는 "너를 사랑해"의 시그널인 것입니다.

그러한 사랑의 시그널을 온몸으로 받은 시간들이 켜켜이 쌓여 자란 아이들은 커서 성인이 되었을 때 어떨까요? 무엇이든 할 수 있다는 자신감 넘치는 당당한 모습으로 세상을 살아가지 않을까요? 자신은 넘치도록 사랑을 받은 사람이니까요.

요즘 영어 그림책으로 원서 수업 혹은 '엄마표 영어'를 하시는 분들이 참 많습니다.

'내 아이는 내가 제일 잘 이해하니까'라는 전제하에 '엄마표 영어'라는 이름으로 많은 어머님들께서 내 아이 영어의 첫 스텝으로 많이 선택하십니다.

미디어에는 아이들에게 영어 동화책을 무엇을 읽어줘야 하고, 어떤 단계를 밟아서 읽어주어야 하며, 온갖 종류의 워크시트가 교류되고, 몇 시간 이상의 노출을 해야 한다는 등등의 정보가 넘쳐납니다.

어느 곳에선 이젠 아이의 영어 실력이 엄마표 영어를 언제, 어떻게 시작해 주었느냐에 따라 달라지는, 즉 아이의 영어 실력마저도 엄마의 몫이 된 것처럼 이야기합니다.

그러니 '나는 발음이 안 좋은데…', '나는 영어를 잘 모르는데…', '나는 워킹맘이라 시간이 없어서…', '나 때문에 우리 아이의 영어가 늦는 것은 아닐까?' 하는 불안감에 휩싸이기도 합니다.

그래서 저는 영어 그림책에 대해 말씀드리기 전 일단 이 말씀을 드리고 싶습니다.

"괜찮습니다."
"지금도 충분히 잘하고 계십니다."
"엄마는 엄마의 역할만으로도 충분히 박수받으셔야 합니다."

'엄마표 영어'는 엄마와 아이가 함께 행복하게 교감한다는 의미의 '엄마표'인 것이지 '엄마표 학원'이 되어 버리면 안 됩니다. 그것은 영어뿐 아니라 더 중요한 아이와의 관계를 놓쳐버릴 수도 있습니다. 영어 선생님은 내가 아니어도 할 수 있는 것이지만, 엄마는 엄마 자신만이 할 수 있는 것이니까요.
 그러니 무엇이 먼저인지를 계속 살펴보셔야 합니다.
 영어 그림책은 그저 좋은 재료일 뿐, 그 자체가 목적이 될 수는 없습니다.

: 왜 그림책을 고르셨나요?

우리는 그저 단순히 '영어'만을 위한 것이라면 좀 더 즉각적이고, 빠르게 결과를 볼 수 있는 문제집이나 코스북들을 아이들에게 풀리게 하면 될 텐데 왜 우리는 굳이 힘들다면 힘든 그림책을 집어 든 것일까요?

내 아이에게, 혹은 가르치는 아이들에게 그림책을 읽어주려면 읽어주는 사람으로서 그 그림책에 대해 공들이는 시간이 필수적입니다.

작가에 대해서도, 혹은 스토리나 문장이나 단어, 일러스트에서도 말이죠.

그럼에도 불구하고, 우리는 왜 영어 그림책을 선택했을까요? 왜 영어 그림책이 좋다고 말들을 하고 있는 걸까요?

그 이유는 아마 문제집에서는 느낄 수 없는, '책'이기 때문에 공감할 수 있는 '영어' 그 이상의 것 + 'α'가 있기 때문일 것입니다.

그 이상의 것인 'α'는 작품 같은 그림이나 글에서 느꼈을 감동이 될 수도 있고, 아이들과 함께 읽으면서 같이 깔깔거렸던 경험 혹은 우리나라 정서와는 다른 문화에서 볼 수 있는 기발한 반전이나 스토리를 보면서 무릎을 '탁!'치며 아이와 함께 이야기 나누며 느꼈던 감정교류의 시간들…, 그 무엇도 될 수 있습니다.

선생님이신 경우에는 내가 고른 동화책을 읽어주었을 때 아이들에게 전달하고자 했던 내용이 스펀지가 물을 빨아들이듯 잘 전달되었거나, "선생님, 또 읽어주세요!", "선생님, 너무 재밌어요!" 하며 내가 읽어주는 책을 아이들이 너무나 재미있어하며 함께 책에 빠져드는 몰입감을 느껴본 경험이 또 다른 책을 고르게 하는 원동력이 되지 않을까 싶습니다.

이렇게 우리는 내 아이에게 읽어주든, 학생들에게 읽어주든 궁극적으로 책을 전달하는 '전달자'입니다.

그러면 '영어' 그림책이 주는 '영어'라는 그 가시적 효과에 '그림책'이 줄 수 있는 + 'α'를 제대로 잘 전달하려면 무엇을 어떻게 하면 좋을까요?

: 그 첫 번째 핵심 '질문'입니다.

'질문'은 곧 '존중'입니다.

상대방을 존중하지 않는다면 그 사람의 생각이나 감정을 묻지 않기 때문이죠.

그렇기 때문에 책을 함께 보면서 아이들에게 책에 대한 느낌이나 생각을 물어봐 주고, 그러한 이야기를 경청해주며 의견을 반영해서 함께 책을 풀어나가는 것은 아이로 하여금 존중받고 있다는 느낌을 받게 해줍니다. 자신이 존중받고 있다는 경험의 시간이야말로 아이와 함께 질문을 주고받으며 책을 읽어야 하는 이유입니다.

그렇게 아이에게 책을 읽어주면서 질문을 던질 수 있으려면 먼저 책을 전달하는 우리의 시선으로 책에 대한 질문을 고민해 보아야 합니다. 우리 스스로에게 질문을 던져 보기도 하고, 답이 없는 질문에 고민을 해봐야 합니다.

질문을 받은 아이는 그저 엄마가 혹은 선생님이 읽어주는 책을 수동적으로 받아들이는 입장이 아닌, 이야기 속에 참여하는 능동적 참여자가 됩니다. 즉 책을 읽어주는 동안 아이들에게 던져진 질문들은 아이를 책 속으로 초대하는 초대장이 되는 셈이 되는 것입니다.

여기 아이들을 책으로 초대하는 초대장(질문)의 종류가 있습니다.

: 가르치고자 하는 질문 Vs 생각하게 하는 질문.

- 지금 아이들에게 어떤 질문을 더 많이 하고 계십니까?

'What's the time, Mr. Wolf?
by Annie Kubler

이 책은 puppet book으로 늑대가 헝겊 인형으로 되어 있어서 읽어주는 사람이, 혹은 아이가 직접 손을 넣어서 늑대가 되어 말하는 것처럼 인형놀이를 하면서 책의 스토리를 풀어나갈 수 있는 책입니다.

한 집안에서 Mr. Wolf와 baby Wolf가 아침을 시작하면서 Baby Wolf가 반복적으로 Mr. Wolf에게 시간을 묻고, 그 질문에 대답을 하면서 이야기는 흘러갑니다.

이 책을 읽고 가장 무엇을 먼저 하십니까?
대개 wolf라는 동물 이름을 묻고, 보이는 색깔을 영어로 묻고,

시계도장 찍어서 시계 보는 것 가르쳐야 할 것 같고, "What's the time?"이라는 문장을 묻고 답해야 할 것 같고….

'Time for + [명사] / Time to + [동사]' 등등의 질문이라면 이것은 '가르치고자' 하는 질문입니다.

물론 이런 질문들이 '좋다, 나쁘다'를 논하는 것은 절대 아닙니다. 이러한 질문들은 책을 이해하는 데 필요한 것들이며, 저 역시 수업 때 아이들에게 필수적으로 묻고 답하는 내용입니다. 다만 이 책에서는 그러한 질문에서 조금 더 나아가 아이들의 사고의 폭과 깊이를 더할 수 있는 질문을 던져 보고자 합니다.

아이들의 생각을 일으키는 질문들을 해볼까요?

"왜 이 꼬마 아이는 책이 시작될 때부터 끝날 때까지 시간을 반복해서 계속 묻는 걸까?"

"아기 늑대는 정말로 시간이 궁금한 거였을까? 아니면 무슨 기다리고 있는 약속이나 이벤트가 있는 건 아닐까? 혹은…, 관심의 표현은 아니었을까?"

"아기 늑대는 시간이 궁금한 걸까, Mr. Wolf의 일과가 궁금한 걸까?"
 "이 아기 늑대와 Mr. Wolf의 관계는 무얼까? 만약에 아빠라면 왜 dad라고 부르지 않고 Mr. Wolf라고 부르는 걸까?"
 〈……〉

 이런 질문들로 이야기를 나누다 보면 질문의 대상이 아이에게로 확장도 가능하게 되는 거죠.

 "그럼 너는? 너는 누구의 일과가 궁금하니?"
 "누가 어떤 시간에 무엇을 하는지 궁금하니? 할머니? 친구? 좋아하는 곤충이나 동물?"

 이런 식의 답이 없는 질문을 받은 아이들은 생각하기 시작합니다. 단순히 답이 눈에 보이지 않기 때문이죠. 책을 다시 뒤적이는 아이도 있을 것이고, 맘껏 상상해서 대답할 수도 있을 것입니다.
 (이러한 질문들은 생각을 확장하는 것이 포인트이므로 한국말이든 영어이든 상관없이 아이와 이야기 나누실 수 있는 편한 언어이면 됩니다.)
 이런 사고의 확장의 경험들이 아이들이 책을 읽음으로 인해서 얻을 수 있는 + 'α'의 시작이 아닐까 싶습니다.

: 두 번째 포인트 '이해 기반 리딩'

자, 그럼 선생님이나 부모님이 어떻게 읽어주어야 아이들에게 책의 내용을 잘 전달할 수 있을까요?

"보이는 대로의 리딩이 아닌 이야기의 흐름 이해에 기반한 리딩"

그것이 또 하나의 포인트입니다.

The Mixed-up
Caterpillar
by Annie Kubler

The
Mixed-up
Caterpillar

이 책은 누가 봐도 귀엽고 복실복실한 애벌레 puppet 책입니다.

인형도 있고, 색깔도 화려하고, 말도 안 되는 동물이라고 우기는 애벌레가 그 동물과 믹스되어서 우스꽝스러운 아이로 변신할 때마다 아이들이 깔깔대고 웃는 아주 재미있는 책입니다.

그러면 이 책을 리딩하기 위해서, 이해하기 위해서 필요한 단어나 요소들 혹은 독후활동으로는 무엇들이 있을까요?

- 등장하는 동물들의 영어이름들

> (monkey, zebra, crocodile, cheetah, parrot, chameleon, kangaroo, frog, cricket, caterpillar)

- 주인공과 등장 동물들이 반복해서 말하고 있는 문장

> (What on earth are you?) (Can't you see? I'm a ____!)

- 애벌레가 어떤 과정을 통해서 나비가 되는지에 대한 과학 활동 등

이번엔 이 책을 보이는 것 그대로가 아닌, 스토리 흐름의 이해 기반 리딩으로 한번 풀어볼까요?

이 책의 스토리는 이 애벌레가 '내'가 누군지에 대한 질문으로 자신을 찾아가는 이야기를 담고 있습니다. 자아를 찾아가는 스토리인 것이죠.

그럼 이 책은 저 제목의 단어가 주는 의미에 갇혀서 '읽기'를 시작하면 안 되는 책입니다. (물론 이것은 제 개인적인 해석입니다.)

저 애벌레는 자신이 애벌레(caterpillar)인지 모르고 있는데, 제목을 "The Mixed-up Caterpillar"라고 읽어주고 시작하면 재미가 반감되지 않을까요?

물론 아이들은 이미 애벌레라는 걸 알고 있습니다. 정작 아이들도 알고 있는데 주인공인 애벌레 자신은 몰라서 자꾸 엉뚱한 동물이라고 말하는 그 포인트가 이 책의 묘미입니다.

이제 책을 읽기 전, 먼저 이 애벌레에게 성격을 부여합니다. 하나의 살아있는 캐릭터로 아이들과 소통하기 위함이죠. 말도 안 되는 동물과 믹스하는 녀석을 저는 아주 해맑고 천방지축인 친구로 설정해서 중간중간 실망하고, 삐지기도 하지만 조금 달래주면 또 헤헤거리면서 해맑게 다시 다른 동물이라고 우기는 아이로 해서 함께 리딩을 할 것입니다.

책의 문장 흐름에선 이 애벌레가 "나는 ○○○야!"라고 말하는 문장이 먼저 나오고, 그다음 장에 변신한 우스꽝스러운 동물 일러스트가 나옵니다.
즉 이미 재미난 그림이 나오기도 전에 동물 이름이 스포되는 셈이죠.
그러면 어떻게 읽어야 할까요?
"I'm a ~~~~~~~~"하고 동물 이름은 읽지 말고 다음 장을 "짜잔~!" 하고 넘기는 순간 동물 이름을 일러스트와 일치시켜서 읽어주셔야 이야기 흐름상 아이들이 더 재밌게 받아들이겠죠.
그렇게 장마다 아이들이 예상할 수 없는 재미난 모습으로 변신하는 주인공을 보면서 함께 웃기도 하고, 너는 그 동물이 아니라고 말해주기도 하면서 계속 스토리에 몰입을 시키면서 읽어주어야 합니다.

그리고 마지막으로 읽지 않고 시작했던 책의 제목은 책을 다 읽고 나서 주인공이 "나는 이제 내가 누군지 알아. 나는 The Mixed-up

Caterpillar야!"라고 타이틀을 주인공 스스로가 읽어서 소개하는 것으로 마무리합니다.

  책의 전달자로서 가장 효과적이고 극적인 전개를 위해서는 이렇게 보이는 대로의 리딩이 아닌 책의 이해가 선행되어야 하고, 그 이해에 기반이 된 리딩이 이루어질 때 아이들은 몰입도가 더 높아집니다.

  그렇기 때문에 책을 읽어주는 사람은 먼저 책을 요리조리 뜯어보고 고민하는 과정이 선행되어야 하며, 내가 만나는 아이에게 어떠한 질문을 던짐으로써 책의 세계로 초대할 것인지에 대한 '질문의 초대장'이 준비되어 있어야 합니다.

Contents

INTRO · 5

Prologue · 7

제1장 : 질문에 대해 질문하다

평소에 질문 얼마나 하세요? · 27 / '나'에 대한 질문이 창의력의 핵심 재료 · 29 / Who stole the cookies from the cookie jar? pictured by Jane Manning · 31

제2장 : 질문에 대해 고민하다

워크시트? 백지의 힘을 믿으세요 · 37 / 스토리 속 모험의 정착지 · 40 / Hooray for Fish by Lucy Cousins · 42

제3장 : 질문을 연습하다

책이 주는 의미와 역할 · 51 / 영어 그림책과 하브루타의 만남 · 54 / Twenty-Four ROBBERS by Audrey Wood · 56 / 책과 아이와의 연결, 책 읽기의 시작 · 61 / The Chick and the Duckling by Mirra Ginsburg and Jose Aruego · 65

제4장 : 유아 발달과 책 읽기

유아 발달에 기초한 영어책 읽기 · 75 / 변하지 않는 유아 발달 순서 · 76 / Me! Me! ABC By Harriet Ziefert / Toy Maker:Ingri Von Bergen · 79 / Bugs!

Bugs! Bugs! By Bob Barner · 82 / Down by the Station · 85 / Ten little monkeys jumping on the bed · 87 / The Journey home from grandpa's written by Jemima Lumley / Illustrated by Sophie Fatus · 89 / 그림책 나눠 읽기, Shared Reading의 시작 · 92 / There was an old lady who swallowed a fly By Pam Adams · 99 / 책끼리 연결고리 찾아 읽어주기 · 105

제5장 : '재미' 있어야 아이의 두뇌가 열린다

아이들이 말하는 '재미'라는 단어의 의미 · 111 / 아이의 머릿속이 궁금해! - 감정의 뇌와 기억의 뇌 · 114 / 실패해도 다시 도전할 수 있는 아이의 비밀! · 117 / Five little ducks · 119

제6장 : 심심'해야 아이의 두뇌가 움직인다

'아…, 심심해!'라는 아이의 말에 맘이 급해지시죠? · 125 / 심심할 때 아이의 뇌 속에선 무슨 일이 벌어질까요? · 127 / 창의력? 생각의 융합? 재료가 있어야죠 · 129 / BANANA by Ed Vere · 132

제7장 : 책으로도 놀이가 가능하다

다중지능 이론 · 137 / Silly Sally는 왜 마을에 갔을까요? Silly Sally by Audrey Wood · 140

제8장 : 교사로서의 그림책 리터러시

Literacy[리터러시] + Havruta[하브루타] + 다중지능 · 163

제9장 : 영어 그림책의 또 다른 묘미, 리듬읽기

영어 그림책 읽기의 또 다른 묘미, 리듬읽기 · 169 / Dr. Seuss(닥터 수스) & Joy Cowely(조이 카울리) · 171 / Nursery Rhyme(너서리 라임) 리듬읽기 · 173

Epilogue · 178

부록 (추가_책 분석의 예)

1. The Wheels on the Bus. Illustrated by Annie Kubler · 183
2. The Tiny Baker by Hayley Barrat and Alison Jay · 189
3. Today is Monday by Eric Carle · 194
4. The GRUFFALO by Julia Donaldson · 196
5. On Market Street by Anita Lobel · 199
6. The Old Alligator by Mathew Price and Atsuko Morozumi · 202
7. Five Little Men in a Flying Saucer Illustrated by Dan Crisp · 204
8. Up, Up, Up! Written by Susan Reed / Illustrated by Rachel Oldfield · 207
9. Little Cloud by Eric Carle · 211
10. Mrs. Wishy-Washy by Joy Cowely · 214

COMMENT · 221

제1장

질문에 대해

질문하다

이해력과 사고확장을 위한 책읽기의 핵심.
질문에 대해 생각해 봅니다.
틀에 박힌 영어교육이 아닌 창의적인 질문 던지기.
질문이라는 것은 책을 읽을 때
단순히 보이는 것에서 끝나는 것이 아니라
조금 더 고차원적으로 생각을 확장시켜 주는
황금 키인 것은 분명합니다.

그렇다면 제가 여러분께 질문을 드리겠습니다.

평소에 질문 얼마나 하세요?

일상생활을 하시면서 자신에게, 혹은 자녀에게, 학생들에게 질문, 얼마나 하고 계신가요?

정해진 답을 알려주기에 급급해하고 계신다든지, 혹은 내가 원하는 답을 이끌어내기 위해 유도하고 계시진 않으신가요?

요즘 모두가 장착하고 싶어 하는 것, 혹은 나에게는 없어도 우리 아이는 갖고 있었으면 하는 것이 있습니다. 바로 '창의력'.

창의력은 어떻게 하면 가질 수 있는 걸까요? 창의력이란 명칭이 붙은 문제집이나 학원? 고액 과외?

아닙니다. 창의력은 어느 누군가가 억지로 밖에서 넣어 줄 수 없습니다.

그렇다고 또 특별하고 선택된 아이들만 갖고 태어나거나, 가질 수 있는 특별한 것도 아닙니다.

어떠한 혁신적인 것도 무(無)에서 창조되지 않습니다. 창의력이라는 것은 아이들이 이미 알고 있는 지식에 "나는…"이라는 생각이나 의

견, 감정, 의문이 더해졌을 때 나옵니다.

즉 어떠한 지식이 나의 주체적인 재해석의 과정을 거치게 되면 그것은 세계에서 가장 유닉크한 콘텐츠가 되는 것입니다.

그럼 이 쏟아지는 정보의 시대에서 아이들이 그 정보를 수동적으로 받아들이는 것이 아닌, "나는…"이라는 생각과 감정이 더해지려면 무엇이 있어야 할까요?

바로 '나'에 대한 인지입니다.

이 지구에서 유일무이한 존재 '나'에 대해서 말입니다.

'나'에 대한 질문이
창의력의 핵심 재료

우리는 쏟아지는 정보 속에서 그 정보에 내가 동의하는지 아닌지, 동의한다면 어떻게 받아들일 것인지, 혹은 또 다른 의견이나 의문을 갖고 있는지를 알아차려야 합니다.

'나에 대한 자각'을 하고 있어야 가능한 일입니다. 이러한 '나에 대한 자각'은 그냥 주어지지 않습니다. 이것 역시 선천적으로 갖고 태어나는 것이 아닙니다. 다만 연습이 필요할 뿐입니다.

내가 무엇을 좋아하는지, 내가 싫어하는 건 무엇인지, 내가 잘하는 것은 무엇인지, 나의 관심사가 무엇인지…, 생각해 보고 표현해 보는 기회.

"너는 무엇을 좋아해?"
"너는 이것에 대해 어떻게 생각해?"
"너는 지금 어떤 기분이야?"

엄마가, 교사가 아이에게 질문을 던짐으로써 아이는 "나는…."이라고 자신이 지금 생각하고 있는 것이나 느끼고 있는 감정에 대해 생각해 볼 수 있는 기회를 갖게 됩니다.

Who stole the cookies from the cookie jar?
pictured by Jane Manning

Who stole the cookies from the cookie jar?

   이 책 역시 너무나 유명해서 검색만 해도 많은 수업의 팁과 워크시트들을 구할 수 있습니다.

   책 자체가 쿠키를 담는 Jar의 모양을 하고 있으며 뚜껑 부분이 열리는 것처럼 되어있어서 아이들이 너무나 좋아하는 책입니다.

   하나씩 없어지는 쿠키를 가져가 친구가 누구인지 묻고 답하는 내용이어서 아이들이 탐정 놀이처럼 여기며 몰입하기도 좋습니다. 단어들이나 문장 구조가 쉬운 것은 아니지만, 계속 문장이 반복되어서 아이들이 쉽게 따라 할 수 있습니다.

이 책 관련 활동으로 무엇이 가장 떠오르시나요? 독후활동으로 무엇을 주로 하셨나요?

- 숫자 카운트(five, four, three, two, one) / 동물 이름 영어로 말해보기(dog, kitty, mouse, bunny, piggy)
- 반복되는 문장(Who stole the cookies from the cookie jar? Who me? Yes, you. Couldn't be? Then who?)
- 쿠키 만들기 혹은 꾸미기 등등….

그럼 우린 보이는 것 말고 이해 기반의 시각으로 접근해볼까요?

이 책은 쿠키를 누군가가 훔쳐 갔다고는 하는데 그냥 5개부터 나옵니다.

"응? 5개가 뭐? 5개가 어땠는데?"

아무 사전상황설명 없이 쿠키 5개로 시작하는 건 아이들에게 조금 덜 친절한 것 아닐까 싶습니다.

그럼 책을 읽기 전 어떤 상황을 설정해야 할까요?

선생님(엄마)은 6개가 들어있는 cookie jar를 가지고 오신 것이어야 합니다. 아이들에게 6개라는 걸 미리 말해두셔야 5개가 있는 책을 봤을 때 하나가 없어진 이야기가 시작되는 거죠.

"오늘 너(너희들이)랑 함께 먹으려고 쿠키를 6개를 가져왔어!"

그런데 나와 아이(들)와 책을 읽는 이 순간에도 하나씩 없어지고 있는 이 상황이 너무나 이상하고 기가 막히다는 설정으로 책을 함께 읽어 나가셔야 합니다. 그럼 아이들은 그 범인이 도대체 누구인지 찾으려고 더 몰입하게 될 것입니다.

그리고 이 책의 마무리는 "Did you?"하고 책을 읽는 reader에게 이야기를 토스하고 끝납니다.

유치원 수업에서 이 책을 읽어줄 때 가끔 이야기에 몰입한 5살은 범인이 자신이라고 하는 선생님에게 서운하고 억울해서 우는 경우도 있습니다. (그럴 땐 너무 귀엽기도 하지만, 너무 미안해서 사실 범인은 선생님이었다고 자수하기도 합니다. ^^)

이 책은 어린아이들에겐 놀이나 발화 위주의 책으로 즐겁게 즐길 수 있고, 조금 큰 아이들과는 토론을 할 수 있습니다.

"Did you?"라고 책을 읽는 아이에게 범인 누명을 쓴 자신을 위해 어떤 근거를 들어서 변호할 것인가를 가지고 아이들과 멋진 법정 역할극을 할 수도 있고, 반대로 범인을 잡기 위한 형사(?)가 되어 볼 수도 있습니다.

이렇게 스토리를 기반으로 시야를 확장하게 되면 그림책은 미취학 어린아이가 읽는 것이고 학교에 가면 더 이상 의미가 없어졌다고 생각하며 중고로 파는 책이 될 수 없습니다.

그럼 이번에는 책의 일러스트를 한번 주의 깊게 살펴보겠습니다.

책의 일러스트를 잘 보시면 Cookie jar 옆에 약속이나 한 듯 사과가 하나씩 놓여 있습니다.

이 사과가 의미하는 것은 무엇일까요? 왜 하필 사과일까요?

이러한 질문들에는 정답이 없습니다. 아이들의 생각 모두가 답입니다. 그리고 잘 살펴보시면 멍멍이 뒤에 보이는 창문의 커튼이랑 정원을 가꾸로 있는 토끼 뒤쪽의 창문의 커튼이 같습니다. 그건 무엇을 의미할까요?

같은 커튼의 공동구매? 물론 그럴 수도 있지만, 이 아이들…, 혹시 한집에 사는 아이들 아닐까요?

그럼 저는 아이들에게 하얀 백지를 주며 말합니다.

"이 친구들이 살고 있는 집의 구조를 한번 그려볼까??"

제2장
질문에 대해
고민하다

책 스토리에 한정된 질문에서 벗어나
독자와 아이에게로 확장된 질문으로
백지를 가지고
아이만의 (독자만의) 이야기를
만들어 봅니다.

아이들이 우리에게 던지는 질문들은 정말 기발합니다.
사실 어쩌면 답도 저희가 해 줄 필요가 없을지도 모릅니다.
아이들은 이미 스스로 답을 알고 있거든요.
그 답이 어른들의 논리로 이해가 되든 안 되든
그것과는 별개로 말이죠.

"답이 없는 질문에 고민하게 하라"

저는 이 말을 무척이나 좋아합니다.
꼭 정답을 찾아야 하고,
아이의 질문에 꼭 답을 내주어야 할 것 같은 현실에서
저 문장을 되뇌며
나름 탈출구를 찾고 있는 것인지도 모르겠습니다.

워크시트?
백지의 힘을 믿으세요

요즘 온라인상을 보면 정말 홍수인 듯 넘쳐나는 워크시트 교류들을 볼 수 있습니다.

그래서 손쉽게 클릭 몇 번으로도 워크시트를 구할 수 있는 세상이기에 집에서 엄마표를 해주시는 분들도 아이들에게 많이 활용을 하십니다.

이러한 워크시트들은 아이들이 학습한 것을 정리해주는 단계로 이용되죠. 또 아이들이 좋아하는 활동도 많습니다. 하지만 가끔 저는 정말 놀라울 정도로 많은 종류와 양의 워크시트들을 보면서 '과연 이것이 다 사용이 되는 걸까?' 하고 궁금하기도 합니다.

그럼 워크시트들은 누구를 위한 것이라고 생각하십니까?

온전히 아이를 위한 것일까요?

저는 워크시트는 그 아이를 가르치는 (엄마)교사를 위한 것이라 생각합니다.

그 워크시트를 풀어내는 아이를 지켜보면서 (혹은 결과를) 아이가 어디까지 이해해냈고, 어디를 헷갈리는지를 파악해냄으로써 앞으로 아이에게 효율적인 교육을 제공하기 위함이죠.
즉 워크시트는 '가르침'을 전제로 하는 것입니다.

그런데 이러한 워크시트들이 너무 보편화되고, 그것을 정말 꼼꼼히 잘 사용하는 분들의 경우를 보며, 워킹맘이나 그렇게 해주고 계시지 못하는 엄마는 또 한 번 작아지십니다.
나는 내 아이에게 이런 것을 제공해 주지 못하는 부족한 엄마라고….

다시 한번 말씀드립니다.

"괜찮습니다.
워크시트를 아이와 함께해주지 않으셔도 '좋은 엄마'이십니다."

물론 독후활동으로 잘 쓰였을 때의 긍정적인 효과도 분명 있습니다만 저는 연령이 어린아이일수록 워크시트 활동을 권장하지 않습니다. 어린아이에게 과연 이러한 워크시트가 꼭 필수적인 것일까요?

예를 들자면 책 속에 나온 아이스크림을 보며 "이 아이스크림 맛이 어떨 것 같아?"라는 질문에 아이들은 맘껏 상상할 수 있습니다.
딸기 맛, 바나나 맛, 신발 맛, 구름 맛, 비 맛, 방구 맛 등등….

그런데 그런 아이에게 워크시트를 줍니다.

- 1번) 짜다
- 2번) 달다
- 3번) 맵다
- 4번) 쓰다

아이는 정답을 찾아내겠지만 더 이상 생각하지 않겠죠.
그래서 저는 백지를 좋아합니다. 한번 해보시면 아시겠지만, 백지를 채운다는 건 결코 쉬운 일이 아닙니다.
그러한 백지를 내 생각으로 가득 채우던 아이들이 나중에 사지선다형 문제를 못 풀까요? 물론 그 문제 유형에 익숙해져야 하는 시간은 필요하겠지만 풀 수 있습니다.
그럼 반대로, 늘 정해진 답을 찾고 짝짓고 하는 워크시트만 하던 아이들이 백지를 채울 수 있을까요? 그건 힘듭니다.

워크시트 말고 백지 한 장 놓고 아이와 맘껏 상상하며 틀이 없는 백지를 채우며 이야기 나누어 보십시오. 아이는 엄마가, 선생님들이 생각하시는 것보다 훨씬 많이 생각하고 있고 이야기하고 싶어 한다는 것을 알게 되실 것입니다.

스토리 속 모험의 정착지

책들을 읽다 보면 많은 모험의 이야기들을 만날 수 있습니다.

그 모험들을 하면서 겪는 신나고 재미나는 일들은 무척이나 아이들에게 사랑을 받고, 어른들에게는 잊고 있었던 동심을 일깨워 주기도 합니다.

그런데 그 스토리 속 모험의 정착지가 유아와 청소년에 따라 각각 다르다는 것 눈치채고 계셨나요?

유아는 '집-모험-집'의 구조를 가지고 있습니다.

아무리 신나고 재미있는 여행을 했어도 꼭 다시 집으로 돌아와 가족의 품에 안기면서 스토리가 마무리되는 것이죠.

이것은 '너희가 얼마든지 상상의 나래를 펼쳐서 맘껏 모험을 해도 좋아. 단 현실로 돌아오는 것을 잊지 마. 혹은 너는 언제든 돌아올 곳이 있고, 그곳에 엄마가 아빠가 있어.'라는 것을 아이들에게 알려주고 있는 것입니다.

이러한 이야기 구조를 책을 읽어주는 사람이 알고 있다면 아이에게 책을 다 읽고 질문을 던질 수 있겠죠.

> "왜 헨젤과 그레텔은 그 멋진 과자집에서 그대로 살지 않고 자신을 버린 아빠가 있는 가난한 곳으로 돌아갔을까?"
>
> "왜 《피터팬》에서 웬디와 아이들은 엄마, 아빠가 없어서 잔소리도 듣지 않고 마음껏 놀아도 되고, 영원히 나이도 들지 않는 네버랜드에서 살지 않고 다시 집으로 돌아왔을까?"
>
> "너라면 어떨 것 같아?"

그럼 조금 큰 아이들의 책에서는 어떨까요?

큰 아이들의 책에서는 '집-모험-모험-모험…'으로 끝나지를 않습니다. 계속해서 또 다른 모험을 할 수밖에 없는 일이 생겨나고, 주인공들은 또 그렇게 제2, 제3의 모험을 하게 되면서 시리즈로 책이 진행됩니다.

아이들에게 "세상은 이렇게 넓고 너희들은 할 일이 많아. 이제 걱정 말고 세계로 나가 보렴!"이라고 말하고 있는 거죠.

자, 여기 처음으로 혼자 세상으로 여행을 떠나는 아기 물고기의 이야기를 통해 유아의 세계관을 직접 살펴볼까요?

Hooray for Fish
by Lucy Cousins

Hooray for Fish

작가 루시 커즌스의 그림은 색깔이 밝고 선명하며 굵은 선으로 단순하게 표현되어 있는 게 특징입니다.

이 바닷속 다양한 모양의 물고기들을 만나서 인사를 나누는 이야기로 아이들과 무엇을 함께 하실 수 있을까요?

- 바닷속에 사는 해양동물의 명칭 영어로 익히기.
- 나만의 물고기 만들기(꾸미기).
- 엄마와 아기 animals 짝 맞추기.
- "Hello, ○○!"라는 문장 발화하기.
- 반대말 & 형용사 가르치기(happy-grumpy / fat-thin….)
- 라임(Rhyme) 가르치기(sea, me, three, see / eye, shy, fly, sky…)

이렇게만 보면 조금은 단순한 콘텐츠이고, 책 속에 문장도 그리 길지 않기 때문에 어린 연령의 아이들에게만 적합하다고 생각하시는 분들이 많습니다.

하지만 저의 생각은 조금 다릅니다.
기본적인 활동을 생각하셨다면 이제 그 이상의 것을 함께 생각해 보겠습니다.
이 책은 앞서 말씀드린 것과 같이 아기 물고기의 세상 모험 이야기입니다.

: 엄마 없이 떠나는 첫 여행

커버 페이지를 넘긴 후의 아무도 없는 적막함.

왜 갑자기 아무것도 없는 바닷속 배경이 나왔을까요? 아이가 엄마 없이 가는 첫 여행을 떠나기 전의 두렵기도 하고 설레기도 하는 그 마음을 표현한 것이 아닐까 싶습니다.

그리고 드디어 처음으로 나선 세상.

처음으로 만난 red, yellow, blue fish가 활짝 웃으며 아기 물고기를 맞이해줍니다.

"어서 와! 널 환영해!!"

책 속 배경이 되는 바다를 잘 보시면 같은 파란색이 단 한 장의 페이지도 없습니다. 이러한 여러 바다색은 아기 물고기가 많은 여러 곳을 여행했다는 것을 짐작할 수 있게 해줍니다.

그리고 아이가 무서워할 수도 있는 grumpy fish랑 scary fish가 나타날 때 다른 물고기랑 산호초가 살짝 이 아기 물고기를 보호해 주고 있습니다. 마치 "걱정하지 마. 넌 안전해."라고 말해주고 있는 것처럼 말입니다.

그렇게 마음껏 모험을 끝낸 아기 물고기는 마지막 다시 사랑하는 엄마의 품으로 돌아갑니다.

아이와 처음 인사를 나눌 때 엄마의 방향과 이야기 끝부분에 아이를 만나고 있는 엄마가 바라보고 있는 방향이 반대로 되어있는 것으로 보아 아이는 아마도 크게 원을 그리면서 바다 여러 곳을 여행하고 온 것이 분명하네요.

'엄마(집)-모험-엄마(집)'의 흐름이 보이시죠? 유아를 위한 모험 가이드를 해주고 있습니다.

아! 이건 수업하다 5살 친구가 발견한 것인데, 부끄러워서 풀 뒤에 숨어있던 shy fish가 마지막에 용기를 내서 나온 거 눈치채셨나요?
"선생님~, 부끄러운 물고기가 용기 내서 여기 있어요!"하는데, 정말 저도 깜짝 놀랐습니다. 아이들은 어른이 생각하는 것보다 훨씬 더 그림을 잘 읽어낸다는 것을 실감하며, 그 기념으로 그날 5살 친구들 모두 용기 내어 세상으로 나온 Shy Fish를 위해 박수를 쳐주며 수업을 마무리했습니다.

그럼 이제 이런 이야기의 주인공인 아기 물고기의 시선을 '나'로 가져와 보겠습니다.

하얀 백지와 연필이나 색연필을 준비해주세요.
이 책에다 직접 그리셔도 괜찮습니다.

✏️ 우리 직접 해볼까요?

다음 질문에 너무 깊이 생각하지 마시고 질문에 따라 물고기로 표현, 그려보세요.

- 나는 책에 나온 아기 물고기입니다. 나는 어떻게 생긴 물고기입니까?
- 나는 새로운 것을 도전하려고 합니다. 무엇을 할 것인가요? (무엇을 하고 싶으신가요?)
- 이제 나는 세상에 나왔습니다. 가장 먼저 누가 나를 반겨주고 있습니까?
- 엄마 물고기처럼 내가 무엇을 하든 어떤 생각을 하든 나를 지지해주는 물고기는 누구입니까?
- Happy fish처럼 생각만 해도 즐거워지는 사람은 누구입니까?
- 어떤 일(상황)이, 혹은 어떤 사람이 내게 'scary fish', 'Grumpy fish'입니까?
- 두려운 상황이나 무언가 망설일 때 나를 보호해 주는 사람은 누구입니까?
- 혹은 누구에게 그러한 마음을 털어놓으시겠습니까?
- Shy fish처럼 뭔가 주저하고 있는 일이 있나요? 그럼에도 불구하고 용기를 낸 일은 무엇입니까?

어떠세요?

나만의 이야기가 담긴 바닷속 물고기 친구들로 가득 찼나요?

나만의 바다의 모습은 지금 어떤 풍경인가요?

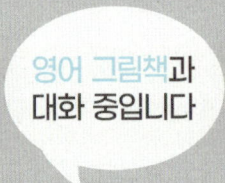

영어 그림책과
대화 중입니다

제3장

질문을
연습하다

영어 그림책과 하브루타의 만남.
조금 더 심층된 질문으로
아이가 '나'와 '우리'에 대해
생각할 수 있도록
가이드해 봅니다.

책이 주는
의미와 역할

　책읽기의 중요성이 부각되면서 이와 관련된 정보와 코멘트, 각종 이야기들이 세상에 넘쳐납니다. 심지어 '책 육아'라는 말이 육아의 정석이 되어 버린 듯한 느낌은 저만의 착각일까요?

　그럼 다시 질문히겠습니다.
　책을 읽히는 것이 왜 좋다고 생각하십니까?
　책을 아이에게 읽어주면, 혹은 아이와 함께 읽으면 무엇이, 왜? 아이에게 좋은 것이라고 생각하십니까?
　책이면 다 좋다는 것을 전제하고 있으십니까?
　그 독서의 양이 많으면 많을수록 좋은 것이라고 생각하십니까?

　대상이 유아라면 책이 핵심이 아닙니다.
　책이라는 것을 매개체로 온전히 아이에게 집중하고 아이와 함께 나누었던 그 시간과 감정.
　바로 사랑입니다.

그래서 만약에 아이와 함께 100권 읽기를 하셨을 때, 혹은 100일 읽기를 하셨을 때, 칭찬해야 할 것은 책의 권수가 아니라 그 시간만큼 온전히 아이와 사랑을 나누었다는 사실입니다. 이점에 스스로에게 박수를 쳐주셔야 합니다.

다시 한번 말씀드리지만, 책은 매개체이지 책 자체가 목적이 될 수 없습니다.

그럼 조금 큰 아이들, 독립적 리딩이 가능한 아이들은 왜 책을 읽을까요?

책을 읽는다는 것에는 많은 이유와 즐거움이 있겠지만 제가 가장 크게 생각하는 부분은 책을 읽는다는 그 행위 자체의 즐거움과 그 책으로 인한 간접경험을 하기 위함이 아닐까 싶습니다.

이 세상을 알아가는 아이들에게 가장 좋은 것은 직접경험입니다. 직접 겪어보고, 느끼는 것 이상의 좋은 공부는 없습니다. 하지만 이 세상 모든 것을 다 직접 경험할 수 없음에 책을 통해서 감정이 되었든, 모험이 되었든, 지식 등을 간접경험하고 그것을 통해서 또 다른 꿈을 꿀 수 있습니다.

역사책이라면 내가 사는 현재가 긴 시간의 흐름 속에 어느 시간 선상에 어디쯤일지에 대한 생각을 하게 해줍니다. 또 과거의 사건을 통해 현재의 삶을 살아가는 이정표를 그릴 수도 있습니다.

주인공의 모험을 담은 책이라면 주인공의 입장이나 감정에 이입되어 사건을 함께 고민하고 해결해 나갈 수도 있고, 생각하지 못한 시각으로 사건이나 사물을 바라보는 시각을 배울 수 있습니다.

　즉 한 달에 몇 권을 읽어서 독서왕이 되었다는 것보다 단 한 권의 책을 읽었어도 그 한 권의 책을 통해서 아이가 얼마나 큰 감정과 생각의 성장을 했는지가 더 중요합니다.

　그렇기 때문에 책을 읽는 아이들에게 우리가 가이드해 주어야 할 것은 무조건 "많은 책을 읽어라."가 아닌 '책을 어떻게 읽어야 하는지(How to read)'에 대한 것입니다.

Learn to Read,
Read to learn!

영어 그림책과 하브루타의 만남

하브루타라는 것은 두 명이 짝을 지어 서로 질문, 대화 토론 논쟁하며 진리를 찾는 유대인들의 전통 교육 방법으로, 우리나라에 소개되면서 많은 곳에 적용되어서 활용되고 있습니다.

하브루타의 질문 4단계

사실(내용) 하브루타	• 이야기 3요소 (인물. 사건. 배경) 파악 • 본문이나 내용에 대해서 사실적인 것들을 확인 / 답이 있음 (누가? 언제? 어디서? 무엇을? 어떻게? 왜?)
심화(상상) 하브루타	• 만약 ~라면? / 만약 ~했다면? 등의 질문 • 내용을 바탕으로 유추하고 연상하는 사고의 시간 • 아이들에게 중요한 단계 / 다양한 해답을 찾는다.
실천(적용) 하브루타	• 본문의 내용을 나의 일상생활과 연결시켜 생각해보고 구체적으로 실전하고 적용하는 방법을 모색하는 과정 • "나라면 어떻게 할 것인가?" / "그럼 그것을 위해 무엇을 어떻게 준비해야 하는가?"
종합(메타) 하브루타	• 앞의 세 단계를 꿰뚫는 질문 • 작가는 이 이야기를 통해 무엇을 말하고 싶은 것인가? / 주인공의 행동은 과연 옳은 것인가? / 이 이야기를 통해 무엇을 깨닫게 되었는가? • 성찰, 시사점, 교훈, 반성할 점 등을 다루며 내용 자체에 대해 평가하고 비판하고 새로운 견해를 제시

즉 책을 읽어주기 전, 읽어주는 동안, 읽고 난 후에도 끊임없이 아이들에게 질문을 던지면서 아이들을 책의 내용 이해를 돕고 생각하는 방법들을 경험하게 해주면서 사고의 확장과 생각하는 힘을 기를 수 있도록 합니다.

이 위의 단계별 질문들을 《Twenty-Four Robbers》책을 읽고 난 후의 질문으로 예를 들어보겠습니다.

Twenty-Four ROBBERS
by Audrey Wood

Twenty-Four ROBBERS

: 사실(내용) 하브루타

- 이 책의 제목은 무엇입니까?
- 이 책에 몇 명의 캐릭터(도둑들이)가 등장합니까?
- 어디에서 일어난 일입니까??
- 도둑들이 가져간 물건(재료)은 무엇입니까? 차례대로 말해주세요.
- 그들이 그 재료들로 무엇을 만들었습니까?

등등의 책의 흐름을 파악하기 위한 질문들로 아이들이 스토리를 기반으로 답을 할 수 있는 질문들이 해당됩니다.

: 심화(상상) 하브루타

- 만약에 그녀가 문을 열어주지 않았다면 어떻게 되었을까요?
- 만약에 그녀가 도둑들이 무서워서 경찰에 신고했다면 어떻게 되었을까요?
- 만약에 도둑들이 만든 음식을 그녀가 거절했다면 어떻게 되었을까요?

등등 스토리 내용을 기반으로 "만약에~"라는 상황에 대해 생각해 볼 수 있는 질문들을 나눕니다.

책을 읽는 아이들에게 매우 중요한 단계이며 이 단계의 질문들을 거치면서 정해진 정답이 아닌 다양한 해답을 찾으며 확장된 생각을 할 수 있는 경험을 하게 됩니다.

: 실천(적용) 하브루타

- 만약에 당신의 집에도 도둑이 찾아온다면 당신은 어떻게 하시겠습니까?
- 경찰에 신고를 한다면 어떠한 방법으로 해야 할까요?
- 만약에 친구가 밤에 찾아와서 음식 재료를 빌려 달라고 한다면 나라면 어떻게 하시겠습니까?
- 당신이 스토리 속 여자였다면 문을 계속 열어주겠습니까?
- 당신이 스토리 속 여자였다면 hot pepper가 없었을 때 무엇을 주었을 것 같습니까?
- 당신이라면 고추, 옥수수, 밀가루를 가지고 어떤 음식을 만들겠습니까?
- 혹시 친구가 당신에게 물건을 빌린 적이나 당신이 친구에게 물건을 빌린 적이 있습니까?
- 그럴 땐 어떠한 방식으로 말을 했습니까? (어떻게 말을 해야 할까요?)

등등의 스토리 기반 질문에서 중점이 아이에게 넘어와 아이가 등장인물의 입장이 되어보거나 작가의 입장에서 스토리를 재구성해보기도 하며 "나라면~"이라는 전제하에서 생각의 확장을 하는 단계입니다.

: 종합(메타) 하브루타

- 이야기 속 여자는 왜 계속해서 문을 열어주었을까요?
- 도둑들은 무서운 칼과, 창 그리고 대포까지 가지고 왔고, 여자에게서 물건을 대가 없이 그냥 가지고 갔습니다. 하지만 노크하는 것을 잊지 않았으며 가져간 재료로 음식을 만들어와 그녀에게 대접하였습니다. 도둑들이라고는 하지만 우리가 가지고 있는 '도둑'이라는 개념에 맞지 않는 부분들이 있는 이들은 과연 '도둑'일까요? 아닐까요?
- 도둑이 아니라면(맞다면) 왜 그렇게 생각하십니까?
- 스토리 전체에서 이들은 마스크를 내내 쓰고 있다가 함께 음식을 먹을 때 딱 한 번 벗습니다. 이 마스크가 의미하는 것은 무엇일까요?
- 도둑들은 스튜라는 음식으로 여자에게 자신들에게 친절을 베푼 것에 대한 보답을 합니다. 도둑들에게 스튜는 어떤 의미일까요?
- 당신에게 마스크는 무엇입니까?
- 당신에게 스튜는 무엇입니까?

아이들에게 종합(메타) 하브루타는 상당히 어려운 단계이지만, 내가 보는 관점을 넘어서 또 다른 견해가 있는지에 대한 질문과 의문을 갖게 하는 것은 상당히 의미 있는 활동입니다.

이러한 하브루타의 주요 4단계의 질문들이 단계를 오가며 많은 다양한 각도에서 질문들을 아이들에게 던지면서 사고를 확장하고, 아이들이 '나'의 생각이나 느낌, 감정에 대해 생각하고 표현할 수 있도록 활동이 이뤄지는 것입니다.

특히 책을 아이들에게 처음 소개하고, 읽어주는 활동에서 던져지는 질문들은 책과 아이를 연결하는 아주 중요한 연결고리 역할을 하게 됩니다.

또 하브루타적인 질문들은 여타 다른 방식의 영어교육과는 차별화가 되면서 아이들이 단순한 리딩이 아닌 '생각하는 리딩'을 하는 리더(reader)로서의 성장을 하도록 합니다.

책과 아이와의 연결,
책읽기의 시작

그럼 책을 처음 만나는 아이에게 어떤 질문들을 이용해서 책과 연결해 줘야 할까요?

책과 아이와 연결해줘야 하는 이유는 무엇이고, 가장 효과적인 방법은 무엇일까요?

먼저 아이와 책을 연결해 주어야 하는 이유는 아이는 자신에게 의미 있지 않으면 받아들이지 않기 때문입니다. 이것은 아이뿐만이 아니라 어른들도 마찬가지입니다.

하지만 특히 더 아이들에게 더 그렇게 해야 하는 이유는 아이들에겐 가르치는 입장에선 너무 중요한 '학습의지'가 없기 때문이죠.

아이들은 저희에게 영어를 배울 생각이 전혀 없습니다. 어느 아이도 엄마가, 선생님이 보여주는 이 영어책에서 '내가 알파벳이나 유용한 문장을 배워야지!' 하고 생각하는 친구는 한 명도 없다는 겁니다.

그럼 그러한 학습 의지를 갖고 있지 않은 아이들에게 책과 연결해 주기 위한 가장 효과적인 방법은 무엇일까요?

바로 '아이들의 경험과의 연결'할 수 있는 질문입니다.

예를 들자면 《Five Little Monkeys Jumping on the Bed》에서 책을 읽기 전,

> "너희들 침대에서 뛰어본 적 있어?(있어요/없어요)"
>
> "나는 뛰어봤는데 진짜 재밌더라! 근데 엄마한테 혼났어. 그만 뛰라고…(선생님도 엄마가 있고, 선생님도 엄마에게 혼이 났다는 사실에 아이들은 상당히 흥미로워합니다.)"
>
> "뛰니까 막 하늘을 나는 것 같았는데 공기청정기는 빨간색으로 바뀌더라! 너흰 어땠어?"
>
> "지난번 뛰다가 다쳤을 때 그때 어떻게 했었어?"
>
> "만약에 친구가 이렇게 뛰다가 다쳤을 때 너는 어떻게 도와줄 거야?"

등등 아이들도 쉽게 공감할 수 있는 예를 들어서 책과 아이들을 연결해 주는 사전 작업에 들어갑니다.

그렇게 책에 보이는 것들과 함께 경험을 함께 물어봐 주고 이야기를 소개하는 활동에서 던져지는 질문들은 아이들로 하여금 이 책은 그냥 선생님이 읽어주는 책이 아니라 '나'와 '우리'의 이야기로 연결 지어지면서 몰입하게 됩니다.

캐릭터가 여럿 등장하는 책이나 애니메이션을 볼 때 아이들은 꼭 이렇게 말합니다.

"나는 얘 할 거야!"
"나는 이 여자애(남자애)!"

이것은 아이들이 그 스도리의 이야기를 따라가기 위한 직업이고, 실제로 그러한 작업을 함으로써 아이들은 자기가 정한 그 주인공을 따라서 이야기를 받아들입니다.
즉 '나의 이야기'가 되는 것입니다.
그래서 아이들에게 등장 캐릭터들이 많거나, 그림의 요소들이 많은 책을 읽어줄 때는 아이들에게 먼저 묻고 시작합니다.
"오늘은 너 누구 할래?", "오늘은 무슨 물건 찾아볼까?" 하고 말입니다.
그 질문은 사실 "너를 이 이야기에 초대해. 이것은 너의 이야기야."라는 비밀 초대장입니다.

엄마 원숭이 역시 침대에서 뛰다 떨어질 것 같은데 다 잠들어서 엄마 원숭이를 치료해 줄 식구가 없으니 자신이 해줘야 한다고 붙여 주었다고 합니다. 책과 아이가 제대로 연결된 것 같죠?

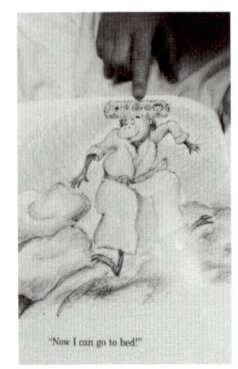

6세 아이가 책을 읽고 나서 붙여 놓은 밴드

The Chick and the Duckling
by Mirra Ginsburg and Jose Aruego

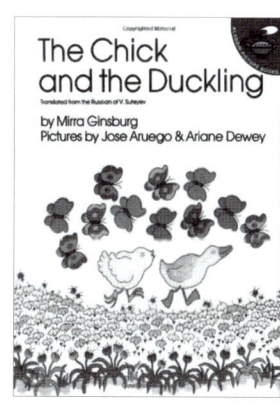

The Chick and the Duckling

　노란색 병아리와 아기 오리가 같이 나오는 이 이야기는 심플하면서도 밝은 색채가 아이들의 시선을 끌기에 매우 매력적인 이야기입니다.
　병아리가 계속 아기 오리를 따라하면서 말하는 "Me too!"라는 짧은 말이 반복되어 아이들도 쉽게 따라 말하면서 책읽기에 참여할 수 있는 책이기도 합니다. 스토리에서 수영을 하지 못하는 병아리가 오리를 따라 물에 뛰어들어서 빠질 때는 아이들이 발을 동동 구르기도 하며 서로 도와주겠다고 나서는 아주 흐뭇한 모습도 볼 수 있죠.

이 책을 읽고 아이들과 무엇을 나누시겠습니까?

- 병아리와 오리에 대해 알아보기 (같은 점 다른 점)
- Action words에 대해 알아보기(walk, dig, find, catch, swim…)
- 영어이름(chick, duckling, butterfly, worm, fish)
- Me, too! Not me! 발화하기
- "I am ~ing" 문장에 대해 발화해보기
- 할 수 있는 것("I can ~")과 할 수 없는 것("I can't~")에 대해 말해보기 등등

자, 그럼 이 책을 어떻게 아이와 연결시켜 읽어줄 것인가에 대해 이야기해보겠습니다.

첫 장을 넘기면 초반에 알만 놔두고 엄마들이 나비를 따라 어디론가 가버립니다. 책에는 알 두 개만 덩그러니 남아있습니다. 그럼 어떻게 해야 할까요?

그대로 두면 안 되니 우리가 알을 품어주자고 아이들에게 도움을 청하는 거죠. 따뜻하게 손으로 감싸도 주고, 입김도 불어줍니다. 책 자체를 아이가 품듯이 안아주며 10까지 세어보는 것도 좋습니다.

이 과정에서 아이들은 자신들이 이 알을 부화시킨 것이 되니 아기

오리와 병아리가 알을 깨고 나올 때 응원을 하기 시작합니다.

"힘내라! 힘내라!"

그렇게 부화시킨 두 주인공이 미묘한 감정싸움을 시작하면서 스토리가 진행됩니다. 걷고, 땅도 파고, 벌레도 찾으며, 나비도 잡습니다. 그렇게 스토리가 진행되면서 아이들은 분명히 오리보다 조금씩 느린 병아리에게 감정을 더 실은 아이도 있을 것이고, 뭐든 척척 해내고 있는 것 같은 아기 오리에게 감정이입을 하는 아이도 있을 것입니다.

그러다가 수영을 못하는 병아리가 아기 오리를 따라 수영을 하겠다고 물에 뛰어드는 바람에 가라앉게 됩니다.
그 페이지는 어떻게 읽어줘야 극적 몰입감을 줄 수 있을까요?
그냥 두 페이지가 펼쳐진 채 보여주시면 이미 빠진 병아리를 위해서 아기 오리가 출동하고 있는 것이 보입니다. 그럼 극적인 스토리 전개가 안 되겠죠?

접어서 읽어주셔야 합니다

책을 반으로 접어서 구해주는 오리가 보이지 않고, 물에 가라앉고 있는 아기 병아리만 보여주시면서 아이들과 이야기 나누셔야 합니다.
(문제 제기)

"어떻게 해! 아기 병아리가 물에 빠졌어!" 하며 함께 방법을 찾아보며 "구해줘요~"라는 답을 들은 후 재빠르게 그림 구해주기 위해 무엇이 필요한지를 아이들과 이야기 나누죠. (심화 하브루타 + 실천 하브루타를 통한 문제해결)

그렇게 이야기를 나누고 아이와 함께 병아리를 구할 준비를 합니다.

물안경도 쓰고. 오리발도 끼고(물론 상상으로 놀이하는 것처럼 합니다.) 준비운동도 잊지 않고 합니다.

하낫 둘! 하낫 둘! 그리고 나서 나머지 아기 오리가 뛰어들어서 구해주는 부분을 펼쳐 보여주며 하나, 둘, 셋! 점프! 빰빠밤~~!(슈퍼맨 등장BGM)

우리 역시 물에 빠진 병아리를 아기 오리와 함께 구하러 가는 것이죠.

그렇게 몰입을 해서 함께 스토리를 따라가고, 위험에서 구한 주인공들의 책은 더 이상 그냥 엄마나 선생님이 읽어준 책이 아닙니다.

그 책은 이제 아이 자신의 이야기, 책입니다.

직접 알을 부화시켜주었고, 물에 빠진 병아리를 직접 구해주었으니 말입니다.

이제 이 책을 조금 더 깊이 들여다보겠습니다.

이 책의 이야기는 친구, 형제, 자매간의 미묘한 심리를 투영시킬 수 있는 책입니다.

동생은 언니나 형을 닮고 싶어서, 이기고 싶어서 따라 합니다. 하지만 책 일러스트에서도 말해주듯이 따라 하는 병아리는 오리를 넘어서지 못합니다. 마치 아무리 노력해도 넘어설 수 없는 언니나 형의 존재처럼 말이죠.

반면 첫째들은 자신을 따라 하는 동생들을 얄미워합니다. (그림에서 아기 오리가 병아리를 쳐다보는 눈을 한번 잘 보세요. 그러한 감정이 느껴지는 듯합니다.) 그러면서도 동생이 곤란한 상황에 처하면 기꺼이 보호자 역할을 하는 것이 형, 누나, 언니입니다. 마치 물에 빠진 병아리를 구하는 오리처럼 말입니다.

물론 친구 관계에서도 있을 수 있는 관계입니다.
땅을 팔 때도 오리는 땅속에 있는 모든 벌레들에게 시선을 주목받고 있습니다. 무엇을 해도 잘하는 아기 오리는 모든 이들의 시선을 사로잡는 존재입니다.

반면 병아리는 벌레들이 관심을 주지 않습니다. 심지어 잠을 쿨쿨 자고 있죠.

- 누군가의 행동이나 말을 따라 해 본 적이 있어? 왜 그렇게 했었어?
- (반대로) 누군가가 나의 행동이나 말을 따라 하는 것을 본 적이 있어? 그때 기분은 어땠어?
- 수영을 못하는 병아리를 위해 오리와 함께 물놀이를 할 수 있는 방법을 우리가 생각해 볼까?

무엇보다도 모든 것을 잘하고 주목받고 있는 오리와 그렇지 못한 병아리의 특징을 이용해 아이에게 이렇게 질문할 수도 있습니다.

- "이 책을 연극으로 만든다면 아기 오리 역할은 누구에게 어울릴까? 병아리는?"

친구도 좋고 가족 구성원도 괜찮습니다.

아이가 이 이야기에 맞게 역할을 정해 온 것을 보면 아이가 생각하고 있는 친구 관계나 가족 구성원에게서 느끼고 있는 생각들을 엿볼 수 있는 좋은 기회입니다.

이제, 반복해서 읽을 땐 읽기 전에 아이에게 물어볼까요?

"이번에 넌 누구 하고 싶어? Chick? Duckling?"

"왜 chick(Duckling)을 골랐어?"

너의 생각이 궁금해!

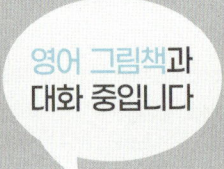

제4장

유아 발달과
책 읽기

질문, 일러스트에서 찾다
유아 발달에 기초한 영어책 읽기.
질문 만들기가 어려운가요?
그림책 속 일러스트를 들여다보면
질문이 보입니다.

이 '질문'이라는 것, 언뜻 보기엔 쉬울 것도 같지만

막상 해보면 생각보다 쉽지 않습니다.

특히 우리나라같이 상하 수직관계가 많은

한국의 교육을 받고 자란 우리들에겐 질문을 할 수 있는 상황은

나이를 먹을수록 더 줄어드는 것이 사실이니까요.

왜 한 번쯤 있으실 것입니다.

수업 종이 쳤는데 질문하는 아이에게 몰리는

원망스러운 눈길과 함께 묘한 침묵의 경험.

그래도 우리는 아이들에게 질문을 던져 볼까요?

단, 잊으시면 안됩니다.

우린 정답을 구하고자 질문을 던지는 것이 아닙니다.

그럼 아이들과 함께 책을 보면서 어디서 어떻게 질문을 해야 하는 걸까요?

그것 역시 답은 없습니다.

하지만 도움은 받을 수 있습니다.

영어 그림책의 일러스트들은 책마다 그 작가들의 이야기를 담고 있습니다.

말씀드렸듯이 그 그림들은 책의 글을 대신할 수도 있고,

함께 돕고 있을 수도 있고, 역설적일 수도 있습니다.

그런 그림들에게 물어볼까요?

어떤 질문을 할지 말입니다.

유아 발달에 기초한
영어책 읽기

그림책의 그림을 뜯어보기 전 잠깐 유아 발달에 대해 이야기하고자 합니다. 그동안 많은 유아 영어 강사님들을 교육하면서 빠지지 않고 말씀드렸던 것은 바로 우리가 만나는 대상 '유아'에 대한 이해입니다.

정말 특수한 대상입니다. 학습 의지가 전혀 없고, 적은 개월 수로도 많은 편차를 보이며 직관적이고, 객관적인 독자님들.

내가 영어를 원어민처럼 잘하고, 좋은 책을 읽어 줄 것이고, 아무리 준비를 많이 했어도 내가 만나는 아이에 대한 이해를 하고 있지 않다면 우리들은 아이들에게 아무것도 줄 수가 없습니다. 아이는 자신을 이해하고 있지 않은 저를 받아들이지 않을 테니까요.

유아 강사는 영어를 잘하는 사람이 가르치는 것이 아니라, 유아를 이해하고 있는 사람이 담당해야 맞습니다. 유아이기 때문입니다.

그래서 제일 중요한 것은 옆집 아이의 발달도, 유명한 인플루언서의 아들, 딸도 아닌 '내 아이의 발달'을 관찰하셔야 한다는 점입니다.

변하지 않는 유아 발달 순서

요즈음은 많은 책이나, 매체에서도 유아 발달 시기에 대해서 많은 정보를 얻을 수 있습니다. 5세에는 무엇을 해야 하고, 6세, 7세에는 어떤 것을 해야 하는지 등등.

제가 티칭을 하고 있는 literacy 역시 아동 발달에 기반을 두고 있기 때문에 연령에 따른 티칭 가이드 라인은 있습니다.

하지만 이것 역시도 말 그대로 가이드 라인일 뿐 내 아이가 이 발달표에 딱딱 맞게 성장한다는 보장은 없습니다. 결국 내 아이가, 내 학생 자체가 기준이 되어야 합니다.

다른 복잡한 이야기들 모두 잠깐 미뤄두고 이것만 기억하시면 됩니다.

사람의 감각기관 중 가장 먼저 발달하는 곳은 귀입니다. 아이가 세상에도 나오기 전부터 좋은 노래를 들려주시고, 좋은 태담을 나누며 교감을 하시는 이유가 그것입니다.

후에 아이가 태어나 성장함에 따라 뇌가 자연스럽게 귀의 예민함을 닫고 눈을 열어줍니다. 그것이 시각화되는 시점인데, 아이의 발달이 각각 아롱이다롱이이고, 요즘 미디어의 노출로 시각화되는 시기가 (이론상은 6세 후반에서 7세) 점점 빨라졌다고는 하나, 귀에서 눈으로 발달하는 이 순서는 결코 바뀌지 않습니다.

지금 내 아이, 혹은 내 학생이 어느 발달과정에 있는지를 잘 관찰해보세요. 아직 뇌가 눈을 열어주지 않은 아이에게 딘이기드니, 문지 교육은 효율적이지도 않거니와 오히려 아이들에게 스트레스를 유발하여 후에 학습을 거부하게 되는 경우가 생길 수도 있습니다

그러니 아직 귀로 듣는 것이 편한 친구에게는 많이 듣게 해주시면 되고, 눈으로 보는 것이 시작된 것이 감지되면 (간판을 읽고 싶어 한다든지, 이름을 읽는다든지 등등) 그때 문자 교육을 하시면 되는 겁니다. 그럼 아이는 전혀 스트레스 받지 않고 상당히 빠른 시간안에 효율적으로 받아들이게 됩니다.

학습은 열심히 하는 것이 아닌, 아이의 발달단계에 맞는 적기 교육

으로 효율적으로 해야 하는 것이 맞습니다. 그래서 연령이 낮은 어린 아이이거나 귀가 예민한 시기의 아이에겐 의성어, 의태어 같은 소리가 들어간 책들을(우리나라 책은 동시를 많이 읽어주시면 좋습니다.), 이제 막 시각화가 시작되어서 보기 시작한 아이들에게는 지금껏 들어왔던 소리를 문자와 매치시켜 주시는 작업을 하시면 됩니다.

많은 분들이 "우리 아이가 (몇)세인데 어떤 책을 읽혀야 할까요?"라는 질문을 하시곤 하는데, 이렇게 답해드리고 싶습니다.

> 아이를(학생을) 관찰하세요. 그리고 아이가 어릴수록(귀가 열려 있는 연령) 소리가 들어있는 책을 고르세요. 교통수단이나, 동물들, 의성어나 의태어, 라임이나 두음들이 가득한 책을 고르시면 실패하실 확률이 거의 없습니다.
>
> 시각화가 되었다면 소리와 함께 레터나 단어, 특정 사물을 찾을 거리를 던져주시면서 읽을 수 있는 책을 함께 보세요.
>
> 단 우리 아이가 시각화가 늦다고 불안해하거나 속상해하실 필요가 전혀 없습니다. 시각화가 늦는 아이는 그만큼 이 세상의 소리들을 더 많이, 가득가득 담고 있으니까요.
>
> 소리를 많이 담은 아이에게 시각화가 시작되어 그동안 들어왔던 소리가 문자와 매칭되기 시작하면, 그 아이에게는 정말 상상도 못 할 엄청난 생각과 느낌의 확장이 진행되기 시작하니까요.

자, 그럼 그림책의 일러스트에게 책을 읽으며 아이에게 어떤 질문을 하면 좋을지 질문에 대해 물어보러 갈까요?

Me! Me! ABC
By Harriet Ziefert
/ Toy Maker: Ingri Von Bergen

이 책은 작가 Harriet Ziefert가 Ingri의 인형을 보고 직접 만든 작가에게 함께 책을 만드는 것을 제안해서 탄생한 책입니다. 각각의 캐릭터가 동물의 얼굴을 하고 있고, 캐릭터마다 특징이 잘 느껴져서 아이들이 매우 좋아하는 책입니다.

각각의 알파벳 레터로 시작하는 명사로 이루어져 있는 많은 알파벳 책과는 달리 동사로 알파벳을 소개하고 있으며, 아이들이 이해하기 조금 어려운 동사도 캐릭터의 힘으로 거부감없이 받아들일 수 있는 책입니다.

일단 알파벳 책이니까 알파벳을 아이들에게 자연스럽게 익히게 할 수 있을 것이고, 여러 동사(자동사, 타동사)들과 그 동사로 말하는 간단한 책의 문장들로 아이들과 이야기 나눌 수 있습니다.

그럼 이 책의 그림들을 보며 제가 질문을 드리겠습니다. 책이 있으시다면 아이와 함께 보시면서 답해 보시겠습니까? 물론 정답은 없습니다.

그림으로 질문하기

- Dance with me에서는 어떤 춤을 추고 있는 것 같나요?
- Follow me의 일러스트 구조는 마치 나에게 걸어오는 듯한 장면의 일러스트입니다. 그럼 이 책을 읽고 있는 나는 어떤 방향으로 몇 번째에 있는 걸까요?
- 그럼 "Follow me!"라는 말은 누가 하고 있는 걸까요?
- 맨 마지막 페이지. 친구들의 이름을 소개하는 페이지를 혹시 빼놓고 읽지는 않으셨나요? 그 페이지에 나오는 친구들 이름을 빠르게 연속해서 (마치 텅트위스터처럼) 아이와 함께 읽으면서 놀아보세요. 다음부턴 아마 그 페이지만 읽어 달라고 할지도 모릅니다.

아! 혹시 Dance의 질문에 댄스니까 무조건 두 번째 손가락을 뽑아 들고 디스코처럼 신나는 춤을 추지 않으셨습니까?

그렇다면 그림을 잘 보세요. 달빛 아래 캐릭터들이 눈을 감고 춤을 추고 있습니다. 그 그림을 읽어내셨다면 다시 한번 생각해볼까요? 어떤 음악이 흘러나오고 있을 것 같습니까?

어떤 춤을 추고 있는 것 같습니까? 지금도 신나는 댄스를 추고 있는 것으로 보이십니까?

Bugs! Bugs! Bugs!
By Bob Barner

다양한 방법으로 선명하고 다양한 색채에 입체감을 준 것이 특징인 이 책은 특히 곤충을 좋아하는 아이라면 더 빠질 수밖에 없는 책입니다.

페이지마다 나오는 여러 곤충의 이름들과 특징들을 아이들과 이야기 나눌 수 있으며, 몸으로도 특징들을 흉내 내면서 어떤 곤충인지 맞추는 Guessing(게싱)게임도 합니다. (특히 Roly-Poly bugs처럼 몸을 동그

랗게 말면서 노는 것을 가장 좋아합니다.)

"I want to see~", "I can see~"라는 문장으로 아이들의 발화를 유도할 수도 있습니다.

'Sky-by/bite-sight/feet-sweet/much-touch'의 라임도 빼놓을 수 없죠.

그럼 이 책 자체로 함께 놀아볼까요?

그림으로 질문하기

- Bugs! Bugs! Bugs! By Bob Barner[Alliteration] 즉 두음이 /b/ 소리로 맞춰져 있는 제목과 작가 이름만으로도 텅트위스터가 되는 책입니다. 아이와 함께 반복해서, 속도를 점점 빠르게 읽어보세요. 읽다가 틀려도, 발음이 엉켜도 그것만으로도 아이들은 즐거워하며 읽어주는 사람과 함께 깔깔거리면서 놀 수 있습니다.

- 장마다 그림에 눈(eye)처럼 착각할 수 있는 그림들이 곳곳에 숨겨져 있습니다. 마치 책을 읽는 나를 쳐다보는 듯한 느낌이 드는 선명한 눈 모양의 그림들은 꽃일 수도 있고, 나비 날개 무늬일 수도 있으며, 씨앗일 수도 있습니다. 아이들과 함께 찾아보세요.

- 책 밟아 보신 적 있으십니까? 책에 나온 주인공이 되어서 정말로 발 위로 개미나 다른 곤충들이 기어갈 것 같은 상상놀이를 해보세요. 아이들에게 눈을 감으라고 하시고 선생님(엄마)는 두 개의 손가락으로 아이들 발을 곤충들처럼 지나가 보십시오. 지나가기도 전에 키득키득 웃음부터 터트리는 귀여운 아이들의 모습을 보실 수 있으실 것입니다.

Down by the Station

이 책은 여러 가지 교통수단과 그것을 이용하는 사람들, 그리고 그 교통수단이 내는 여러 소리가 가득한 책입니다.

- [train-Chuff! Chuff!/bus-Brrm! Brrm!/tractor-Chug! Chug!/taxi-Beep! Beep!/truck-Honk! Honk!/fire engine-Nee Nor! Nee Nor!/]

나이가 어릴수록, 즉 귀가 예민한 나이일수록 교통수단과 소리를 가지고 놀아주고, 조금 큰아이들은 아이의 일상과 연결하여 그것을 이용하는 사람들과 이 교통수단이 어디서 와서 어디로 가는지, 너라면 무엇을 이용하고 싶은지, 주변에서 어떤 것들을 보았었는지 등등의 질문으로 확장하면서 이야기 나누며 읽어주세요.

그럼 이제 그림에서 질문을 찾아보겠습니다. 아이와 함께 질문을 나눠보세요.

그림으로 질문하기

- 처음부터 그림 속에 있던 여우가 사라졌습니다. 언제 사라졌을까요? 어디로 갔을까요?
- 카페가 어느 페이지에서 Open 했을까요?
- 언덕 위에 소와 양 친구들의 수가 달라졌어요! 여우가 사라지고 나서 그런 것 아닐까요?
- 고양이 찾으셨습니까? 거리에 있던 고양이가 어디론가 사라졌습니다! 어디로 갔을까요?
- 꽃 트럭은 언제 왔나요?

Ten little monkeys jumping on the bed

이 책의 내용은 너서리라임(구전동요)으로 여러 버전 중의 하나인 이야기입니다. 반복되는 문장과 구조로 아이들이 쉽게 따라 할 수 있고, 책 속의 주인공들처럼 신나게 뛰면서 jump라는 동사와 함께 fell, bump, call의 단어를 배울 수 있습니다.

10부터 1까지 거꾸로 숫자를 세기 활동과 명사 [mother, doctor, bed, monkey]의 어휘와 함께 "No more monkeys jumping on the bed!"라는 반복되는 중요 문장 역시 빼놓을 수 없는 부분입니다.

🖊 그림으로 질문하기

- 타이틀 페이지에서 침대에 10마리의 원숭이 친구들이 꼭꼭 숨어있습니다. 이 원숭이 친구들 옷에는 1~10까지 번호가 있는데, 어떤 친구들이 어디에 숨어있는지 번호를 살짝 보이는 힌트들로 친구들의 번호를 맞춰볼까요?

- 10마리의 원숭이 친구들 옆에 보이는 인형들이나 공, Jack-in-the-box 등 소품들의 위치가 계속 바뀝니다. 어떻게 바뀌고 있을까요? 페이지마다 달라지는 물건들을 찾아볼까요?

- 의사 선생님을 급하게 찾아가는 엄마의 액세서리가 어떻게 달라지는지 찾아볼까요?

- 공은 몇 번 원숭이 친구의 것일까요? 뱀 인형의 주인은 몇 번 친구일까요? 장난감의 주인공을 찾아주세요.

- 보라색에 별무늬의 공과 같은 무늬의 옷을 입고 있는 친구는 몇 번 친구입니까?

- 의사 선생님의 옷을 보면서 선생님이 무엇을 하다가 오셨는지 말해볼까요?

The Journey home from grandpa's
written by Jemima Lumley / Illustrated by Sophie Fatus

 귀여운 애니메이션 한 편을 보는 것과 같은 이 그림책은 할아버지 댁을 방문하고서 집으로 돌아오는 여정을 담은 책입니다.
 출발하는 차를 향해 손을 흔드는 할아버지의 모습이 담긴 페이지부터 이야기는 시작이 됩니다. 노란색 차 안에서 가족들은 정말 많은 풍경과 다른 교통수단들을 보며 집으로 갑니다.

기본적으로 이 책에서 가져갈 수 있는 내용은,

- 교통수단 이름 - car, helicopter, train, tractor, digger, crane, barge, truck, fire engine
- 색깔 - yellow, white, purple, pink, green, black, blue, orange, red

등입니다.

등장하는 교통수단마다 재미있는 말놀이를 할 수 있는 문장과 함께 매칭이 되면서 말놀이나 교통수단을 흉내 내며, 몸놀이도 하면서 즐겁게 이야기를 즐길 수 있는 스토리입니다.

특히 "The bouncy, bumpy road / up and down and round /the icky sticky sand" 이 부분은 소리가 재미있어서 아이들이 유난히 좋아하는 부분입니다.

그리고 페이지마다 "On the journey home from Grandpa's."라는 문장이 계속 반복되기 때문에 아이들이 이 문장은 쉽게 가져갈 수 있습니다.

그림으로 질문하기

- 왜 나무랑 집이 누워있을까요?
- 하트나무, 꽃나무, 동그라미나무, 세모나무를 찾아볼까요?
- 노란 자동차에서 나오는 연기 모양은 어떤 것들이 있습니까?
- 노란 자동차에만 비를 내리던 비구름을 찾으셨습니까?
- 장난감 가게에서 무엇을 갖고 싶은가요?
- 당근을 몰래 훔쳐가던 동물은 무엇일까요?
- 집을 잘 보면 주소(숫자)가 써 있는 집들이 있습니다. 그럼 주인공은 몇 호의 집일까요?
- 책의 전체 페이지의 그림이 다 이어져 있던 것 눈치채셨습니까? 다음 장의 장소가 전의 페이지의 오른쪽 끝자락에 미리 나와 있었거든요. 그럼 이 책의 페이지를 하나로 연결해 잇는다면 어떤 배경의 그림이 나올까요?

    모두 다 담지는 못했지만 이렇게 그림들을 잘 들여다보면 아이와 이야기 나눌 거리가 참 많습니다. 답이요? 정답은 없습니다.

    아이와 함께 책을 앞뒤로 왕복을 반복하면서 서로 머리를 맞대고 이야기 나누고, 그 이유에 대해 설명하기 위해 상상의 나래를 펼치는 그 시간 자체가 그림책이기 때문에 가능한 선물입니다.

그림책 나눠 읽기,
Shared Reading의 시작

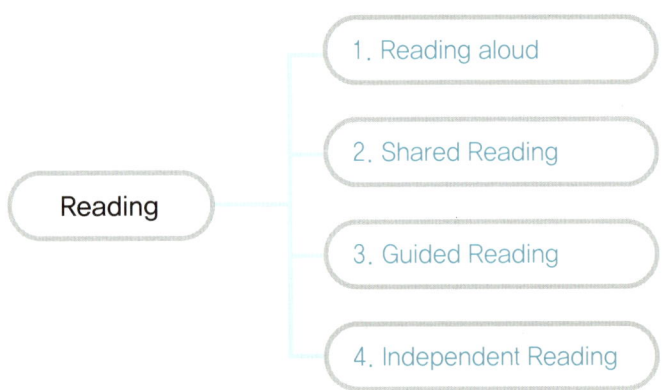

리딩은 크게 4단계로 나닙니다.

Read Aloud:	교사나 엄마가 아이에게 소리 내어 읽어주는 단계
Shared Reading:	교사나 엄마가 책을 읽어주면서 아이를 리딩에 조금씩 참여시키는 단계
Guided Reading:	아이가 직접 스스로 읽기 시작하며 교사나 엄마가 부족한 부분을 가이드하는 단계
Independent Reading:	아이가 독립적으로 혼자서 읽는 단계

이중에서 두 번째 단계인 Shared Reading이 읽기 단계에 있어서 상당히 의미가 있는 단계입니다.

Shared Reading은 말 그대로 책을 나누어 읽는 것으로 아이를 직접적으로 리딩에 참여시키는 역사적인 순간이기 때문입니다. 그렇기 때문에 책을 읽어주는 사람은 끊임없이 지속적으로 아이들과 교감하면서 아이들이 흥미를 잃지 않고 끝까지 책과 함께 할 수 있도록 가이드해야 합니다.

: 책을 읽어줄 때 해석해 주어야 하나요?
  한국말을 어느 정도 해도 되나요?

이이와 책을 읽을 때 읽어주는 사람 마음처럼 아이가 따라와 주는 상황은 그리 많지 않을지도 모릅니다. 질문을 하며 이야기도 나누고 생각도 나누자고 마음을 먹었는데, 페이지마다 "뭐라고? 뭐라고 하는 거야?", "한국말로 해줘", "영어 하지 마." 이러한 반응들은 정말 읽어주는 사람으로 하여금 식은땀이 나게 합니다.

뜻을 해석해줘야 하는 건지, 아이가 영어 자체를 거부하는 것은 아닌지, 내가 잘못 읽어주고 있는 것은 아닌지…, 등등 말입니다.

많은 분들이 질문을 영어로 하면 아이가 알아듣지 못하는데, 질문을 영어가 아닌 한국어로 해도 되느냐고 궁금해하시는 분도 많습니다. 영어 동화책을 읽어줄 때 한국말은 어느 정도 써야 하는지에 대한 질문에 제가 다시 질문을 드리겠습니다.

왜 한국말을 쓰면 안 된다고 생각하십니까?
영어학습에 방해가 된다고 생각하십니까?
아니면 영어 선생님인데 한국말을 쓰면
실력을 의심받을까 염려되십니까?

그럼 우리 잠깐 같이 상상해보겠습니다.

우린 지금 그냥 아무 생각 없이 쉬고 있거나, 놀고 있습니다. 그런데 엄마가, 혹은 선생님이라는 사람이 와서는 갑자기 너무 좋은 책을 읽어준다고 하면서 독일어(배운 적도 없는 어떤 언어) 책을 독일어로 설명하시면서 읽어주십니다.

1분, 2분…, 시간은 흘러가고 있습니다. 어떠실 것 같으십니까? 끝까지 들으실 수 있으십니까?

그럼 더 직관적이고, 본능적인 아이들은 집중을 할 수 있을까요?

아이들은 바로 얼마 지나지 않아 자리를 뜨거나, 관심을 다른 곳으로 돌릴 것입니다. 왜냐면 나의 것이 아니기 때문입니다. 나와는 상관없는 엄마의 것, 선생님의 것이니까요.

(물론 90% 이상의 영어를 써도 잘 따라오는 2중 언어에 익숙하거나, 영어를 이해하는 아이들의 경우가 아닌, 그냥 평범한 대다수의 아이들의 이야기입니다.)

기억하십니까? 가르치는 입장에선 매우 중요하지만, 유아는 가지고 있지 않은 한가지.

학습의지

유아는 학습의지가 없습니다. 그리고 유아이기 때문에 한국말은 필요합니다. 말 그대로 유아이기 때문입니다. 이해하지 못하고 어리둥절하고 있는 아이에게 영어책이니까, 영어를 노출해주어야 한다는 생각으로 계속 영어만을 고집하며 받아들이라고 하는 것은 아이를 배려하고 있지 않는 것입니다. 아이와 책을 연결해 주기 위해, 엄마 혹은 선생님과 아이와 연결해 주기 위해 한국말은 꼭 필요합니다.

왜?

자신에게 의미 있지 않은 것은 받아들이지 않기 때문입니다.

특히 칭찬을 하실 때 한국말로 하시면 효과가 좋습니다. Great! Good Job! 같은 영어 칭찬도 좋지만, "와! 정말 대단한데?" 하는 말 한국말 칭찬 한마디는 매우 강력하고, 직관적이며 효과가 강력합니다.

그렇게 한국말로 중간중간 칭찬을 해주고, 아이의 시선에서 같이 궁금해 해주며, 아이에게 관심의 말을 해주고 잘 따라오고 있는지 체크해 주는 등등. 내가 주어야 할 영어 콘텐츠는 확실히 영어로 주되 그 외에 그런 영어로 가져가야 할 것을 도와주는 측면에선 친절하고 친숙한 감초 역할 용도의 한국말 사용이라면? Why not?

각종 인터넷이나 소셜미디어를 보면 어려서부터 영어라는 언어에 부모님들께서 노출해주어서 영어를 듣고 이해하고, 영어책을 줄줄 읽고, 영어로 자유자재로 의사소통을 하는 아이들이 많은 것 같은데, 그렇지 못한 나의 아이가 불안하십니까? 그런 케이스의 (티칭)양육방식을 그대로 따르면 내 아이가 그 아이와 똑같은 학습 효과를 낼 수 있을 것이라고 기대하십니까? (교사)부모가 다르고, (티칭)가정환경이 다르고, 무엇보다 아이가 다른데 어떻게 다른 곳의 방법이 내 아이에게 최선의 방법일 것이라고 생각하십니까?

내 티칭(양육)의 방법의 기준은 오로지 내 학생(아이)이어야 하는 것입니다. 그 기둥을 먼저 세우시고 다른 좋은 방법들은 참고가 되어서 내 아이에 맞게 다시 재구성되어야 하는 것이 맞습니다.

아이를 잘 관찰해서 그 아이가 흥미로워하는 것을 기반으로 잘 소화할 수 있도록, 조금씩 물들게 영어를 주실 수 있다면, 한국말이 몇 프로여야 하고, 영어가 몇 프로야 하는지에 고민은 덜 하셔도 되지 않을까요?

: 책을 읽으면서 감초 역할로 쓰는 한국말의 예

- 진짜? 우와~어떻게 알았어? 어떻게 그런 생각을 했어? 최곤데?
- 이건 뭐지? 왜 그럴까? 엄마도(선생님도) 궁금하다. 같이 찾아보자!
- 이 주인공이 너 닮았다. 너처럼 씩씩한데? 너도 이런 일이 있었어?

- 누가 이렇게 크게 대답했어? 목소리가 너무 멋져!
- 다음에 어떤 일이 생길까? 너무 궁금해!

그럼 영어의 이해를 위해서 한 문장 읽어주고, 그것을 한국말로 풀어주는 그런 해석도 괜찮다는 것일까요?

"아닙니다."

결론부터 말씀드리면 1:1 해석은 하지 않습니다. 제가 말씀드리는 것은 그러한 해석의 한국말이 아닙니다.

아이가 어리면 어릴수록 영어책을 읽어 줄 때나 영어로 말을 할 때 무슨 뜻인지를 묻지 않습니다. 하지만 모국어가 형성되고, 자아가 자리 잡으면서 아이는 묻기 시작합니다. 이해가 되지 않으니 답답할 수밖에 없습니다. 그런 아이의 반응을 보고 아이가 영어를 거부한다거나, 흥미 있어 하지 않는다고 판단하시면 안 됩니다.

그럼 어떻게 해야 할까요?

앞에서도 말씀드렸듯이 우리가 주어야 할 영어 부분은(즉 영어 그림책의 문장들) 확실히 지켜주고, 그 영어의 뜻이나 상황을 이해시켜 주기 위해서는 해석식이 아닌 보기(샘플)식의 선택권을 주면서 가이드 해줍니다.

예를 들자면,

"Where do you want to go?"라는 질문은 하고 "너 어디 가고 싶어?"식의 해석이 아닌, "Where do you want to go?" 하면서 엄마나 선생님은 그 질문이 마치 나에게 주어진 것처럼 고민하시는 겁니다.

"흠…. 난 놀이터 갈래!" 혹은 아이가 선택을 할 수 있게 보기를 주시면 됩니다. "놀이터? 친구네 집? 나는 친구네 집!!!" 하고 말을 하면 아이는 그 영어문장의 뜻을 굳이 해석해 주지 않아도 알아듣고 어디 가고 싶은지를 고릅니다.

Ex) "What do you want to eat? 선생님(엄마)는 아이스크림! What about you?"

"Why is he sad?" 엄마가 보고 싶은 걸까? 어디 아픈 걸까? What do you think?"

이러한 경험들이 반복적으로 쌓이면 아이들은 해석이 아닌 한국말의 도움으로 영어를 이해하면서 가져갈 수 있게 됩니다.

그럼 그림책으로 시작하는 Shared Reading의 요령을 알아볼까요?

There was an old lady who swallowed a fly
By Pam Adams

 관련 영상 바로가기

 마음씨 좋게 생기신 할머니는 주머니 가득 사탕과 초콜릿을 갖고 계시지만 어쩐 일인지 파리서부터 거미, 새, 고양이, 개, 젖소, 말까지 모두 꿀꺽 삼킵니다.
 이 책은 다음 장에 삼킬 동물이 앞장에 미리 힌트처럼 나와 있기 때문에 아이들은 한두 장만 읽어도 벌써 다음 장에서 어떤 동물을 할머니가 또 삼킬지를 예측할 수 있습니다.
 그럼 읽어주는 엄마나 선생님이 계속 "먹을까? 아냐, 설마~ 고양이를 어떻게 먹어!" 하는 밀당을 하면서 읽어야 재미있는 책입니다. 당연히 책을 읽어주는 저희는 "못 먹어! 어떻게 이 동물을 먹어!" 하는 입장으로 이야기 전개를 틀리게 예상하는 역할인 것 잊지 마십시오.

저희는 틀리게 예상하고, 아이들은 자신이 생각한 것이 맞아떨어질 때의 짜릿함을 느낄 수 있도록 해주는 것입니다. 답을 맞추는 영광은 아이들에게 양보하세요.

그리고 계속 반복되는 리드미컬한 문장과 특히 거미가 뱃속에서 움직일 것 같은 "That wriggled and wriggled and jiggled inside her."라는 문장을 읽을 때 아이의 배를 간지럽히면서 읽어주면 아이는 그 부분이 나올 때를 눈을 반짝이며 기다리고 있을 것입니다.

자, Shared Reading 즉 아이와 책의 문장들을 나누어 함께 책을 읽어볼까요?

그렇다면 아이에게 읽을 부분을 주어야 하겠죠? 어떤 부분을 나누면 될까요? 가장 먼저 책에 반복적으로 나오는 문장을 아이들에게 주면 됩니다.

처음부터 아이가 정확하게 읽거나, 발화하는 것을 기대하시면 안 됩니다. 이 리딩의 첫 번째 목적은 책의 반복적인 부분을 아이에게 읽도록(혹은 함께 말하도록) 역할을 자연스럽게 넘기면서 아이가 그 책의 읽기라는 것을 하는 동안 "할 것"을 제공함으로써 엄마나 선생님이 모두 읽어주는 책이 아닌 '나도 같이 읽은 책'이라는 경험을 주시는 것입니다.

이 책에선 아이들이 가장 재미있어 하는 대목은 "wriggled and wriggled and jiggled" 이 부분입니다. 아이와 함께 간지럼 태우기를 하면서 이 부분부터 흥얼거리게 하시면 됩니다.

책에 반복되는 부분이 없거나 혹은 반복되는 부분의 리딩이 익숙해지면 문장의 '명사' 부분을 읽도록 해주세요. 이 책에서는 동물 이름이 되겠지요.

대부분의 그림책의 명사는 동물 이름, 사물 이름, 음식 이름 등으로 아이가 그 단어를 직접 읽어내지 못해도 책의 일러스트 부분을 함께 보여주시면 금방 습득할 수 있습니다.

다음 '명사' 부분이 또 익숙해지면 '동사'로 확장하시면 됩니다.

그것 역시 읽어주는 사람이 직접 몸동작으로 보여주든지, 책의 일러스트에서 설명되고 있다면 무리 없이 아이가 책읽기에 참여하게 됩니다.

이런 Shared Reading의 경우에 그럼 진짜 읽는 것이 아니고 외워서 하는 것이 아니냐고 반문하시는 분들도 있으실 텐데요. Shared Reading의 가장 큰 목적은 선생님(엄마)이 소리 내어 읽어주시던 책을 듣고 있던 아이가 그 책읽기에 '직접 참여'하도록 하는 것입니다.

외워서 리딩하는 것처럼 흉내 내고 있는 것인지(이것은 pretending Reading이라고 합니다.) 아닌지보다, 또 단어를 몇 개를 알고 있느냐 보다 그렇게 책읽기에 참여함으로써 아이는 '내가 책을 읽을 수 있네? 나도 할 수 있어!' 하는 자신감과 같은 책을 선생님(엄마)와 함께 읽으면서 나누는 교감으로 또 읽고 싶다는 동기를 주는 것이 이 리딩 단계의 가장 큰 역할입니다.

《There was an old lady who swallowed a fly》에 적용해 보겠습니다.

> 1. 책의 반복되는 문장이나 구절
> 2. 명사
> 3. 동사
> 4. **HFW**
> 5. 형용사(색깔, 사이즈 등 간단한 형용사)

가장 먼저 반복되는 문장 중에 '명사' 위주로 먼저 주십시오.

(There was an old lady who swallowed a _____./

That wriggled and wriggled and jiggled inside her.)

그 부분은 문장에서 형광펜으로 표시를 한 후 리딩 시 그 부분을 아이가 읽도록 혹은 함께 읽어달라고 하세요. 노래처럼 흥얼거려도 좋

고 즐기듯, 문장의 리듬을 느끼면서 읽으시다가 익숙해지면 그다음 단계인 명사 부분이 나오면 아이에게 그 부분을 토스하시는 겁니다.

Ex) Lady, fly, spider, bird, cat, dog, cow, horse

그 명사 읽기가 익숙해지면, 그다음 책에서 반복적으로 나오는 동사, 그리고 HFW를 주세요.

Ex) Swallowed, catch

Ex) Who, a, an, she, why…

각각의 단어의 수는 아이의 수준에 맞게 조절하시는 겁니다.

그래서 이런 Shared Reading단계에서는 다음과 같은 특징들을 가지고 있는 책을 고르시면 좀 더 효과적으로 아이들과 책을 읽으실 수 있습니다.

- 캐릭터가 분명하다.(캐릭터에 몰입하여 스토리를 따라갈 수 있기 때문입니다.)
- 다음 장의 내용을 유추할 수 있다.(predictable)
- Rhyme 라임과 소리(의성어, 의태어)가 들어있다.
- 반복되는 문장 구조를 가지고 있다.

그렇게 반복해서 책을 엄마, 교사와 나누어 읽으면서 아이는 자신감을 얻고, 어느새 문장을 통으로 흥얼거리고 있게 될 것입니다. 조금씩 아이가 젖어들 수 있도록, 조금씩 빵 부스러기를 떨어뜨려서 그것을 따라서 책이라는 집으로 찾아갈 수 있도록 헨젤과 그레텔이 되시는 것이 교사와 엄마의 역할입니다.

책끼리 연결고리 찾아 읽어주기

생각이 또 다른 생각을 물어오는 것처럼 책은 또 다른 책들을 끌어당깁니다.

한 책을 읽고 나서 그 책을 중심으로 또 다른 책을 확장시켜 읽어주는 것은 읽어주는 사람 입장에서도, 아이들 입장에서도 상당히 매려저인 일입니다. 꼭 한 가지 주제로만 화장하는 것보다 여러 가지 시각에서 연결해 주면 아이들은 더 흥미롭게 책을 접하는 범위가 넓어집니다.

There was an old lady who swallowed the sea.

: 같은 작가의 연결된 이야기

같은 작가님의 책 《There was an old lady who swallowed a sea》입니다. 이 책과 《There was an old lady who swallowed a fly》 두 이야기 중 어떤 책이 먼저의 이야기일까요? 잘 살펴보세요. 분명히 힌트가 숨겨져 있습니다. 그

리고 또 하나, 출판된 순서와 이야기의 순서가 일치할까요?

: 같은 이야기 다른 작가

THERE WAS AN OLD LADY
WHO SWALLOWED A FLY
by Simms Taback

　책의 내용이 너서리 라임이라면 같은 이야기를 여러 다른 작가의 시선과 일러스트로 다양한 버전의 책들로 만나보실 수 있습니다. 이미 책의 내용을 알고 있는 아이들에겐 접근하기도 쉬워서 주 교재의 책이 너서리 라임이라면 다른 버전의 책을 꼭 함께 보여줍니다. 아이들은 같은 이야기가 어떻게 다른 분위기의 그림으로 펼쳐지는지 비교해보면서 다른 점 찾기 삼매경에 빠지기도 합니다. 누가 누가 더 많이 찾아내나!?

: 같은 스토리 줄기를 갖고 있는 책들

주인공 할머니가 여러 가지 물건들을 삼킨다는 같은 스토리 줄기를 갖고 있는 시리즈 책입니다. 시즌별, 주제별로 여러 가지 물건들을 삼키면서 마지막에 삼킨 그 물건들로 다른 무언가를 만들어 낸다는 이야기가 펼쳐집니다. 이번엔 할머니가 무엇을, 왜 삼킬까요?

: 같은 이야기 다른 관점

제가 제일 좋아하는 책 읽기 방식입니다.

같은 이야기여도 시점이 달라지면 해석이 완전히 달라지죠.

이 이야기는 삼켜진 파리의 입장으로 본 이야기입니다. 삼켜진 입장에서 좁은 할머니 뱃속에서 다시 나가고 싶지만 계속해서 다른 동물들이 들어와 장소만 점점 더 서로 곤란해지는 상황에 웃지 않을 수가 없습니다. 꼭 연계독서로 아이들에게 보여주세요. 정말 좋아할 것입니다.

THERE WAS AN OLD LADY WHO SWALLOWED FLY GUY

이렇게 하나의 스토리 줄기로 다양한 이야기를 즐기다 보면 아이들의 시야는 더 확대되고, 생각의 폭도 넓어질 것입니다. 그러면서 가져가는 반복되는 영어문장과 영어단어, 그리고 다른 것을 더 읽어보고 싶다는 동기는 보너스입니다.

제5장
'재미'있어야
아이의 두뇌가 열린다

아이의 머릿속이 궁금해!
아이들이 말하는
'재미'라는 단어의 진짜 의미
(감정의 뇌와 이성의 뇌)

영어를 이제 막 시작하는 아이를 둔
많은 어머님들과 상담을 하다 보면
공통적으로 말씀하시는 것이 있습니다.

"영어를 재미있게 시작했으면 좋겠어요."

어머님들께서 말씀하시는 그 "재미"라는 단어에는
몇 가지의 의미가 내포되어 있는 것일까요?
왜 아이들을 타깃으로 마케팅하는 많은 곳에서
'재미있게'라는 말을 쓸까요?

영어를 가르치면서 혹은 아이에게 영어책을 읽어주시면서
많은 어머님들과 선생님들께서 가장 당황스럽고,
우려되는 아이들의 반응은
"나 영어 재미없어!"이지 않으십니까?
무엇이 어떻게 재미없는 것일까?
영어가 싫은 건가?
이러다 아예 영영 영어를 놓아 버리면 어떻게 하지?
정말 많은 생각이 들게 합니다.
아이들은 왜 무엇이든(그게 영어이든, 수학이든 상관없이 말입니다.)
"재미있어!" 혹은 "재미없어!"라는 말로 표현하고 있을까요?

아이들이 말하는
'재미'라는 단어의 의미

아이들이 말하는 "재미있어!" 혹은 "재미없어!"라는 말의 진짜 뜻은 무엇일까요?

우리는 그렇게 표현하는 아이들의 '재미'라는 단어를 제대로 알 필요가 있습니다. 아이들이 말하는 '재미'란 단순히 즐겁고, 깔깔거리고 신난다는 의미기 아닙니다. 단순히 흥미 위주의 활동이나, 노래, 춤, 게임 놀이를 말하는 것 역시 아닙니다.

아이가 말하는 재미라는 단어에는 오늘 선생님에게 칭찬을 받았거나, 친구들이 나에게 친절해서 기분이 좋았던 일, 혹은 선생님에게 꾸중을 들었거나 기분이 안 좋은 일 모두가 포함되어 있습니다.

이렇게 아이들이 느낀 긍정적, 부정적 정서적 교감이 모두 뭉뚱그려져 재미라는 것으로 표현된 것입니다. 왜냐면 아이들은 아직 자신의 감정을 세세하고 정확하게 표현하지 못하기 때문이죠. 그래서 아이들이 "재미있어!" 혹은 "재미없어!"라고 말할 때 그 속뜻을 잘 들여다보셔야 합니다.

예를 들어, "엄마 나 미술(영어, 피아노 등등) 재미없어."라고 말을 했을 때 '우리 아이가 미술(영어, 피아노)에 관심이 없나? 재능이 없나? 흥미를 잃었나?' 이렇게만 생각하실 것이 아니라, 왜 그렇게 생각했는지, 어떤 상황에서 그런 느낌이 들었는지 이야기를 나누면서 아이의 진짜 속마음을 읽어내셔야 하는 것입니다.

오늘 그 학원에서 친구와 싸웠을 수도 있고, 다른 아이들은 잘 따라갔는데 자신은 잘 따라 하지 못해서 좌절감을 느꼈을 수도 있으며, 신체적으로 오늘 컨디션이 안 좋았을 수도 있습니다. 혹은 선생님이 자신의 마음을 안 알아주어서 서운했을 수도 있고, 엄마에게 심통이 나서 엄마의 관심을 받기 위한 반응일 수도 있습니다.

이러한 것들을 염두에 두시고 아이와 왜 그렇게 느꼈는지 이야기 나누면서 아이도 스스로 자신이 느낀 감정이 무엇인지 정리하고 정확하게 인지하는 과정이 필요합니다.
그래서 아이들이 말하는 표면 그대로의 '재미'라는 단어에 속으시면 안 됩니다.

그럼 책을 읽고 "재밌다"라고 하는 아이들의 '재미'란 말엔 어떤 의미가 담겨 있을까요?
책을 읽는 아이들에게 '재미'란 스토리 안에서 주인공과 일치하여 혹은 제삼자의 입장에서 읽어 나가면서 느낄 수 있는 희로애락 모두가 재미입니다. 스토리와 더불어 부정적, 긍정적 감정을 모두 함께 느껴가면서 성장해가는 시간이 모두 너무 재미있는 시간인 것입니다.

우리 어른들도 늘 행복하고 긍정적인 이야기만 재미있다고 말하지 않습니다. 스토리 안에서 여러 일들을 겪으면서 그것을 딛고 일어나거나, 심지어 새드 엔딩이어도 그것을 재밌다고 말하는 것이 그 이유입니다. (스토리에서 느끼는 부정적인 감정이 왜 필요한지는 다음 장에 《Five Little Ducks》 책에서 말씀드리겠습니다.)

심지어 막장드라마라고 욕을 하면서도 계속 보는 이유도 그러한 말도 안 되는 갈등들이 어느 순간 해결되는 그 시점에서 느껴지는 카타르시스를 공감하고 싶기 때문입니다.

그렇다면 왜 우리는 그러한 감정이라는 것에 영향을 받는 것일까요?

아이의 머릿속이 궁금해!
- 감정의 뇌와 기억의 뇌

이 질문에 답하기 전에 먼저 여러분께 질문 하나만 하겠습니다.

"학창 시절에 가장 기억에 남는 일 3가지를 적어 보시겠습니까?"

1. _____

2. _____

3. _____

적으셨나요? 자, 그럼 저 3가지 답 중에서 어느 한 문장이라도 학창시절에 배웠던 구구단이나 문법, 혹은 미적분…, 지식적인 것을 적으신 분 계십니까?

아마 적으신 것들은 대부분 창피했던 일이었거나, 행복했던 일, 슬펐던 일, 설렜던 일등 감정이 함께 저장된 기억들일 것입니다. 왜 우리가 그렇게 많은 시간과 노력을 들여서 배운 학습적인 것이 아닌 감정적인 것들만 적어 냈을까요?

그것은 감정이 발동되어야 장기기억의 문이 열리기 때문입니다.

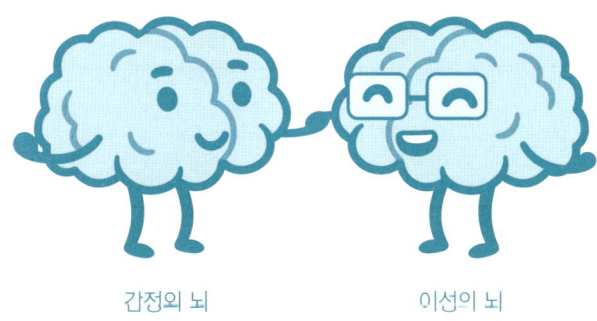

감정의 뇌   이성의 뇌

즉 감정의 뇌가 잘 발달되고 활용되어야 이성의 뇌, 즉 학습의 뇌 역시 잘 활용이 되는 것입니다. 이것은 다시 말해 아이들에게 어떠한 학습이든 그것이 제공될 때 감정이 터칭이 되면 그 내용들이 잘 기억된다는 이야깁니다. 그것이 긍정적인 감정이든, 부정적인 감정이든 말입니다.

그럼 아이에게 영어라는 것에 대해 (다른 학습도 같습니다.) 어떠한 감정을 입혀 주시고 싶으십니까?

아이 발달이나, 특성이 고려되지 않는 과도한 학습을 잘못 제시하여 아이가 스트레스를 받거나, 부정적인 감정이 각인되어 버리면 아이가 커서 자신의 주장을 할 수 있을 때 그 학습을 아예 거부하는 일이 벌어질 수 있습니다. 그래서 아이가 처음 만나는 것은 더 특별히 '재미'있어야 합니다.

어떠한 학습이든, 일이든 그 긍정의 기억으로 이 아이가 커서 스스로의 필요로 인해 다시 시작해야 할 때 '아! 그거? 그거 재미있었어! 할 만했어!'하는 마음으로 시작할 수 있으려면 말입니다.

실패해도 다시 도전할 수 있는
아이의 비밀!

우리는 살면서 많은 실패와 좌절을 맛보고 살아갑니다. 그런데 가끔 정말 열악한 환경이나 조건에서도 굴하지 않고 다시 도전하고 실패의 경험을 자양분으로 삼아서 성공하는 사람들 볼 때면 그들의 이야기가 궁금했습니다.

어떻게 저렇게 할 수 있는 걸까? 어떻게?

그 사람들의 성공이 궁금한 것이 아니라, 저렇게 좌절하지 않는 스프링 같은 마음이 궁금했습니다. 저는 그렇지 못하니 우리 아이들은 저런 마음으로 세상을 당당하게 살아 주길 바라는 엄마의 마음으로서 궁금했습니다.

그러다가 동화책 수업을 하면서 알게 되었습니다. 실패해도 다시 도전할 수 있는 아이의 비밀이요? 지금까지 이야기 나눈 것을 정리하면 그것이 답이라는 것을 말입니다.

: 감정 지능

아마 다들 들어 보셨을 것입니다. 예전에 이런 단어도 없었던 것 같은데 지금은 이렇게 멋진 이름이 있습니다.

내 감정을 이해받았었고, 남의 감정을 이해해본 아이들. 그 아이들이 갖고 있는 높은 감정 지능. 이것이 실패라는 것을 했을 때 그냥 주저앉고 마는 것이 아닌, 자신을 들여다보고, 인정해주고, 스스로 다잡아서 다시 할 수 있다는 힘을 주는 원동력인 것입니다.

그러한 감정지능을 아이와 함께 영어 그림책을 읽는 과정에서 함께 키워줄 수 있다면, 우리가 지금 아이들에게 해 주어야 할 것은 영어단어 한 개 더, 영어 레벨 한 단계 더 높이기가 아니라 아이의 감정 지능을 키워주는 그림책 읽어주기가 아닐까요?

그럼 이번엔 아이의 감정 지능을 키워줄 수 있는 **"그림책의 감정선을 따라 읽기"**를 해볼까요?

Five little ducks

Five Little Ducks   Five Little Ducks

너무나도 유명한 너서리 라임인 이 책을 읽을 때 어떻게 읽으십니까? 노래로 부르며 율동하기, 아이에게 읽어주시면서 장마다 몇 마리인지 숫자세기 다 하셨습니까?

그럼 이제 우리 이 책의 감정선을 한번 따라가 보겠습니다.
이 책의 스토리는 엄마 없이 놀러 나간 5마리의 아기 오리들이 한 마리씩 사라지는 내용입니다. 그리고 일러스트를 잘 보시면 귀엽고 화사한 색상의 주인공과는 다르게 조금은 사실적이고, 무섭게 생긴 큰 물고기들, 개구리, 심지어 여우까지 나옵니다.
매우 상반되는 캐릭터들이 나오는 것이죠.

그럼 책을 읽어주는 입장에서는 "어떡해! 이 무서운 애들이 아기 오리를 잡아먹은 거 아니야?"하고 걱정스럽고 조금은 두려운 감정선으로 읽어주며 스토리를 극적으로 만들어가야 합니다. 어린아이들이 무서워하는 것을 굳이 그렇게 상황설정까지 해야 하냐고 하실 수도 있겠습니다. 물론 그 상황설정의 정도는 조절되지만, 아이들에게 부정적인 감정(공포, 걱정, 두려움)을 안전한 그림책 안에서 경험하게 하는 것입니다.

그러한 부정적인 감정을 그림책이라는 안전한 테두리 안에서 느끼며 어떻게 해소되어 가는지를 느끼고 경험하는 것. 그것이 그림책이 주는 또 하나의 값진 선물입니다.

Picture books can be a safe place of readers
to explore whole spectrum of emotion.
- By Sydney Smith

그림책은 읽는 사람이 모든 범위의 감정을
경험할 수 있는 안전한 장소가 될 것이다.
- By 시드니 스미스

이 책은 자꾸 엄마 없이 놀러 나가는 아기 오리들을 말리고 싶어 하는 입장으로 읽어주셔야 합니다. 안타깝고, 불안하고 여우나, 무섭게 생긴 큰 물고기들이 혹시나 아기 오리를 잡아먹은 것은 아닐까 하는 걱정을 하면서 말입니다.

한 마리도 안 남았을 때 아기 오리들을 찾으러 다니는 엄마 페이지에서는 완전 클라이맥스입니다. 엄마 오리로 몰입해서서 너무 슬프고, 걱정하시면서 아기 오리들을 찾으러 다니셔야 합니다.

"Quack! Quack! Quack! Where are my babies? Where!"

아이들에게 이 엄마의 마음은 어떨 것 같은지 물어봐 주시고, 아기 오리 5마리가 다 사라진 페이지에서는 아이들에게 "엄마 오리가 도움이 필요한 것 같은데 우리 다 같이 도와줄까?" 하고 물으면 정말 4살, 5살 친구들은 눈물이 핑 돌아서 같이 찾아주겠다고 두 속을 꼭 쥡니다.

그럼 모두 함께 아이 오리들을 찾아서 "Quack! Quack! Quack!"을 온 교실이 떠나가라 외칩니다. 그러다가 마지막 모두가 돌아오는 페이지를 펼쳐주는 순간 아이들은 마치 자기들이 아기 오리들을 찾아준 듯이 기뻐하며 박수를 칩니다.

이러한 감정공유는 아마 CD에서 흘러나오는 노래로만 책을 보여주었다면 느끼지 못했을 귀한 경험입니다. 노래의 속도에 맞춰 아이들의 생각과 감정은 나눌 시간도 없이 페이지를 넘겨주어야 하니까요.

아이들은 이 짧은 스토리 안에서 걱정, 두려움을 함께 느끼다가 문제해결을 함께 해내고 해피 엔딩이 주는 카타르시스도 느낀 것입니다. 이것이 바로 그림책이 주는 진정한 '재미'인 것이죠.

스토리의 흐름에 따라 엄마의 감정을 함께 살피고, 느끼면서 읽은 책은 감정의 뇌가 움직여졌기 때문에 아이에겐 오래오래 남는 재미있는 이야기로 기억될 것입니다. 감정의 뇌가 움직이면서 이성의 뇌의 장기기억의 문을 열어주었기 때문입니다.

제6장

'심심'해야 아이의
두뇌가 움직인다

심심할 때 아이의 뇌 속에선 무슨 일이 일어날까?
창의력과 생각의 융합의 재료 공개

요즘 우리 아이들 심심할 틈이 없습니다.
손가락 하나면 넓은 세상과 만날 수 있고,
유치원이나 학교에서는 시간표대로,
집에서는 엄마표 영어, 엄마표 수학…등
엄마표 학습으로, 그렇지 않으면 시간별 학원 스케쥴로
바쁜 하루하루를 보내고 있습니다.

'아…, 심심해!'라는
아이의 말에 맘이 급해지시죠?

'아…, 심심해!'라는 말이 아이의 입 밖으로 나오는 순간부터 마음이 어떠십니까?

뭔가 마음이 급해지고, 뭐라도 해줘야 할 것 같고, 저 심심하다는 말이 나에게 뭘 해달라는 요청 같으니, 몇 번 모른 척하시다가 그 말이 반복되면 이렇게 말씀하시지는 않습니까?

"그럼 책이라도 좀 읽든가!"
"뭐, 영상이라도 하나 볼래?"

혹 아이가 던진 질문에 답부터 생각하고 계신 가요? 아니면, 아이가 심심하다는 말에 무엇을 하면 좋을까 고민하고 계신 가요?

이젠 아이의 말에 한 템포 쉬시면서 살짝 여유 있게 웃으시며 말씀해주세요.

> ○ : "엄마, 이거 왜 그래?"
>
> ◎ : "그러게…, 왜 그럴까? 네 생각은 어떤데?"
>
> ○ : "엄마 심심해!"
>
> ◎ : "나도! 엄마도 심심해."

아이가 하는 말에 답을 주려 하시지 마시고 그 질문을 그대로 아이에게 돌려주십시오. 그리고 같이 답을 찾아보자고 하세요.

심심할 때 아이의 뇌 속에선 무슨 일이 벌어질까요?

'만족지연'이라고 들어 보셨을 것입니다.

"당장의 작은 만족보다는
나중의 더 큰 만족을 위해서 기다릴 줄 아는 것"

하지만 근래에는 이런 만족지연에 대한 것에 다른 이야기도 나왔습니다. 너무 나중을 위해 현재를 희생하는 것이 과연 좋은가에 대한 문제 제기죠. 그때그때 내가 할 수 있는 것들, 즐겁게 할 수 있는 것들을 택하는 '현재의 만족' 역시 필요하다는 것입니다. 어떤 것이 전적으로 '맞다, 틀렸다'가 아닌, 두 이야기 모두 맞는 것이 아닌가 싶습니다. 현실을 살아가려면 그때그때 현재를 택하는 선택도 해야 하고, 미래를 위해 조금 참아야 하는 선택도 해야 하기 때문입니다.

그럼 이 심심하다고 느끼는 상황에서 아이에게 즉각적인 피드가 주어지지 않으면 어떤 일이 벌어질까요? 심심한 아이의 뇌 속에선 무슨 일이 벌어질까요?

　우리 뇌는 기본적으로 심심한 것을 싫어합니다. 늘 새로운 자극을 원합니다. 그러니 심심한 아이는 그 심심한 것을 벗어나기 위해 '생각' 하기 시작합니다. 늘 솔루션을 제시해줬던 엄마도 오늘따라 "엄마도 심심해!"라는 말밖에 안 해주시니 말입니다.

　'뭐하지? 뭘 하면 좋을까? 무엇을 하면 재밌을까?' 하면서 이리저리 생각하기 시작합니다.

　천장에 무늬가 전에 읽었던 앤서니 브라운 책에 나오는 shape game에서 본 그 모양 같기도 하고, 저 그냥 네모난 블록이 장난감 총같이 보이기도 하고, 블록이 보인 김에 성을 만들어볼까? 아…, 나도 silly sally처럼 거꾸로 걸을 수 있을까?

　아이는 기존에 자신이 갖고 있는 온갖 스토리와 정보를 꺼내서 이리저리 합쳤다가, 분해했다가, 더하고 빼고 뇌에서는 엄청난 작업을 시작하게 됩니다. 오로지 심심하고 싶지 않기 때문입니다.

　이제 몸은 심심할지 모르지만 아이의 뇌는 무척 바쁘게 돌아가기 시작합니다. 서로서로 맞물려서 가동되기 시작한 바쁜 톱니바퀴처럼 말입니다.

　아이가 심심해하나요? 그럼 이제 아이는 창의력을 발휘할 때가 왔다는 신호입니다.

창의력? 생각의 융합?
재료가 있어야죠.

'창의력, 창의 융합 교육', 이런 단어들이 무척이나 매력적으로 느껴지십니까?

창의력이란 절대 무(無)에서 창조되는 것이 아닙니다. 기존의 자신이 알고 있는 선지식에 '나'의 이야기를 더해서 통찰, 창조해 내는 능력이 창의력입니다.

융합은 말 그대로 다른 종류의 것들이 서로 합쳐지는 것입니다.

우리 아이에게 이러한 창의적이고 융합적 사고를 넣어 주고 싶은데, 어느 활동이나 학원이 좋을까? 지금 고민부터 시작하셨습니까?

창의 융합적 사고가 이루어지려면 일단 아이들의 내면에 재료가 있어야 합니다.

여기 제가 생각하는 창의 융합의 재료를 소개해 드리겠습니다.

우리 아이는, 혹은 내가 어느 정도의 재료를 가지고 있는지 한번 생각해 보십시오.

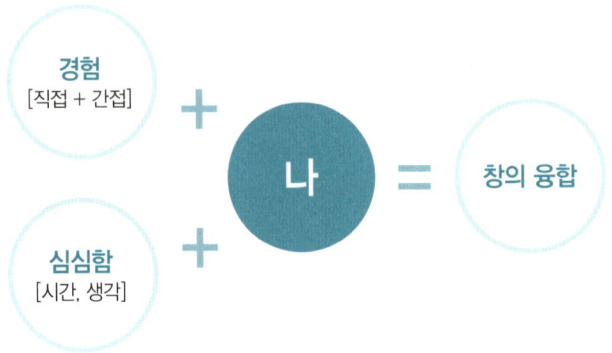

- **경험:** 첫 번째 가장 기본 재료는 경험입니다. 여기엔 직접적으로 아이가 몸으로 경험을 한 직접경험의 재료와 책이나 미디어를 통한 경험인 간접경험의 재료가 해당됩니다.

- **심심함:** 심심함이라고 표현을 했지만, 이는 결국 여유입니다. 시간적인 여유, 생각의 여백(외부에서 주어지는 학습의 답을 내기 위한 생각이 아닌)이 생기면 아이들은 심심함을 벗어나기 위해, 혹은 그 여유를 즐기기 위해 생각을 하기 시작하기 때문에 이 심심함이라는 것은 어찌 보면 창의 융합적인 무언가를 만들어 낼 불씨가 되는 것입니다.

- **나:** 저는 이것이 가장 중요한 재료라 생각합니다. 앞서 말씀드린 것처럼 '나'에 대한 인지가 있어야 내가 어떤 것을 할 때 가장 재미있어 하는지, 나는 지금 무엇을 하고 싶은지, 나는 어떤 생각을 갖고 있는지 등등을 제대로 파악해서 나만의 이야기를 만들어 낼 테니 말입니다.

아이들이 심심하도록 내버려 두어 보십시오. 할 일 없이 하루종일 어슬렁거리거나, 흐느적거리는 아이를 보며 목구멍까지 올라오는 잔소리같이 하고 싶은 말이나, 제공해 주고 싶은 콘텐츠를 한두 번만 꾹꾹 삼키시고 심심하게 둬보세요. 아이가 어떤 깜짝 놀랄만한 것들을 보여주면서 먼저 무언가를 함께 하자고 제안할지도 모릅니다.

BANANA
by Ed Vere

 BANANA

나오는 단어라고는 'Banana'와 'Please.' 이 두 단어밖에 없는 책.

아주 선명하고 군더더기 없는 일러스트의 특징인 이 책은 아이들에게 공손한 표현인 "Please"를 알려주고 있습니다.

그렇기 때문에 혹시 아주 어린 유아의 책이라고만 생각하십니까? 한 페이지에 단어가 단 한 개씩밖에 없어서 읽어줄 거리도 없다고 생각하십니까?

이러한 대사적 공간이 많은 만큼 아이와 직접 채울 수 있는 부분이 더 많습니다.

'Banana'라는 대사 하나가 상황에 따라, 말하는 화자의 감정변화에 따라 얼마나 다양하게 변하는지 한번 보십시오. 'Banana'라는 단어가 어떻게 다른 목소리와 다른 톤으로 읽혀야 하는지 말입니다.

그리고 그림에서 어떠한 다른 소리들이 들리는지 잘 한번 살펴보시겠습니까? 페이지마다 어떤 소리가 들릴 것 같습니까? (걸음걸이, 울음소리 등등)

말풍선 포스트잇(그냥 포스트잇도 좋습니다.)을 이용해서 캐릭터들의 속마음이나, 어떤 다른 말을 했을 것 같은지, 그리고 각 페이지에선 어떤 소리가 날 것 같은 지 등등을 이야기 나누면서 적은 후 페이지마다 붙여보세요.

아이는 자기가 만든 그 말풍선을 읽고 싶어서라도 책을 또 펼쳐 볼 것입니다. 그리고 조금 큰 초등학생 아이라면 질문해 보십시오.

> "꼭 나누어 먹어야 하는 것일까?"
>
> "'Please'라는 말을 하면 모든 것을 나누어 주어야 할까?"
>
> "정말로 (장난감이든 음식이든) 나누고 싶지 않았을 수도 있는데 그렇다면 그 마음은 잘못된 것일까?"

등등…

사실 어쩌면 "나눠주고, 나눠 먹는 것이 착한 아이야."라는 공식을 아이들은 강요받고 있는 것은 아닐까요?

물론 나이가 어린 아이라면 책의 내용 그대로 심플하고 간결하게 읽어주지만 조금 큰 아이들과는 그렇지 못한 마음과 상황 역시도 존중받아야 하지 않는가에 대해서 이야기 나누어 보십시오.

책에 보이는 것이 아닌, 보이지 않는 부분에 대해 한번 생각해보는 것입니다. 그러면 아무리 단순하고 유아용 책처럼 보여도 또 다른 질문거리와 새로운 이야기가 보이실 것입니다.

제7장

책으로도
놀이가 가능하다

놀이의 절대적인 힘.
신체놀이와 정서놀이.
그것이 아이의 두뇌 발달의 핵심

인지발달은 정서발달을 기반으로 하고 있습니다.
감정의 뇌가 이성의 뇌를 컨트롤한다는 말과 같은 맥락의 말입니다.

감정 즉 정서발달이 그만큼 중요한 부분을 차지하고 있다는 것이며,
그러한 정서발달의 핵심에는 '놀이'라는 것이 있습니다.

정서발달을 논하지 않더라도 '놀이'는 인간에게 있어서 본능이기도 합니다.

뇌를 발달시키려면 두 가지 놀이가 필요합니다.

첫 번째, 신체놀이.
두 번째, 정서놀이

신체놀이는 아이가 몸을 직접 움직여서 얻어지는 것이고,
정서놀이는 책으로,
그리고 사랑하는 사람과의 정서적 교감으로 얻어질 수 있습니다.
땀에 온몸이 젖을 만큼 아이가 맘껏 놀고 나서도,
그리고 책을 스토리에 몰입해서 다 읽고 나서도
아이가 공통적으로 하는 말이 있죠.
"재밌다!"

다중지능 이론

다중지능 이론이란 미국의 하버드대학교 교수인 하워드 가드너(Howard Gardner)가 인간의 지적 능력은 단일하지 않으며 여러 유형의 능력으로 구성되어 있고, 이러한 능력이 서로 상호작용을 하며 발달한다는 이론입니다. 그가 말한 영역은 다음과 같습니다.

다중지능이론

1	언어적 지능	언어 소리, 구조, 의미를 민감하게 파악하는 능력
2	논리수학 지능	논리적, 수리적 패턴, 연쇄적 추리를 다루는 능력
3	시각·공간 지능	시공간적 세계를 정확하게 지각하는 능력
4	신체운동 지능	자기 몸의 움직임을 통제하고 사물를 재주 있게 다루는 능력
5	음악 지능	리듬, 음조, 음색을 만들고 감상하는 능력
6	대인관계 지능*	타인의 기분, 기질, 동기, 욕구를 알고 적절히 반응하는 능력
7	개인이해 지능*	자신의 감정에 충실하고, 자신의 정서를 구분하는 능력
8	자연친화 지능	동·식물을 관찰, 분석, 비교, 분류하는 능력

이 8개 유형 중에 앞으로 더 핵심이 될 지능은 6번 대인관계 지능과 7번 개인이해 지능이라고 전문가들은 말합니다.

한 자녀, 두 자녀 가정이 대부분이고 지금은 교육의 혜택을 받지 못하는 가정이 드물어 무척이나 똑똑한 아이들이 많죠.

그러한 그 똑똑한 아이들 사이에 또 한 명의 똑똑한 아이가 아니라, 그런 똑똑한 사람들을 모두 융합할 수 있는 사람이 리더가 된다고 전문가들은 말합니다. 즉, 나에 대해 잘 알고 있고(개인 이해 지능), 타인에 대한 이해(대인 관계 지능)를 하여 같은 목표를 위해 서로의 능력을 잘 융합시켜 최선의 결과를 낼 수 있는 인재를 필요로 한다는 것이죠.

그럼 위의 '다중지능'을 예로 들어 아이들이 왜 밖에서 몸을 쓰며 뛰어노는 신체놀이가 필요하고 두뇌 발달에 좋다고 하는지 알아볼까요?

이제 아이가 아무런 룰 없이 놀이터에서 논다고 가정해보겠습니다.

아이는 여기저기 자기가 맘에 드는 곳(자기이해지능)으로 마음껏 뛰어다닙니다(신체운동 지능). 그리고는 자기가 가장 재미있어 하는 그네를 골라 탑니다(자기이해 지능).

놀다가 자기보다 나이 많은 형, 언니를 만날 수도 있고, 어린 동생들을 만나서 친해지며 놀 수도 있겠죠(대인관계 지능).

언어로 소통할 것이고(언어 지능), 새로운 규칙들을 정하면서(논리수학 지능)놀 수도 있고, 아파트단지의 구조를 이용해서 숨바꼭질을 합니다(시각공간 지능).

놀다가 개미가 줄지어가는 걸 구경하거나(자연친화 지능), 아이들끼리 싸움이 나서 그걸 화해시키려고(대인관계 지능) 진땀을 뺄 수도 있고, 억울하다고 자기를 변호할 수도(언어 지능, 자기이해 지능) 있습니다. 게다가 늘 밖에서는 예상하지 못한 일들이 벌어지니 상황 대처 능력은 필수겠죠?

무엇보다도 이 아이는 그렇게 맘껏 뛰어다니며 놀았으니 '재밌다'라는 정서적 만족감도 무척 높았을 겁니다.

그래서 아이들은 밖에서 뛰어놀아야 합니다. 정서적으로 즐겁다는 감정을 느끼고 놀면서 예상되지 않는 상황들에 끊임없이 노출되면서 그 상황들을 겪어 나가야 합니다. 두뇌의 모든 면을 골고루 발달시키기 위해서라도 말입니다.

그렇게 재미있게 놀고(신체 놀이) 들어와 잠자기 전 사랑하는 엄마나 아빠와의 베드타임스토리로 이야기 나누며 책 한 권 읽기의 정서 놀이.

그것보다 더 완벽한 두뇌활동이 또 어디 있을까요?

Silly Sally는 왜 마을에 갔을까요?
Silly Sally
by Audrey Wood

Silly Sally

작가 Audrey Wood의 책은 기발하고 유쾌한 스토리로 많은 아이들의 사랑을 받고 있습니다. 그중에서 주인공이 물구나무로 여러 동물들을 만나며 마을까지 가는 이야기를 담은 책 《Silly Sally》는 제가 선생님들이나 학부모님들께 '좋은 영어책 고르기'라고 소개하는 시간에 빠지지 않고 샘플로 보여드리는 책입니다.

이 책은 캐릭터가 분명하며, 페이지마다 각운(Rhyme)이 잘 맞춰져 있습니다.

Ex) town-down / pig-jig / dog-leapfrog / loon-tune / sheep-sleep / Buttercup-up

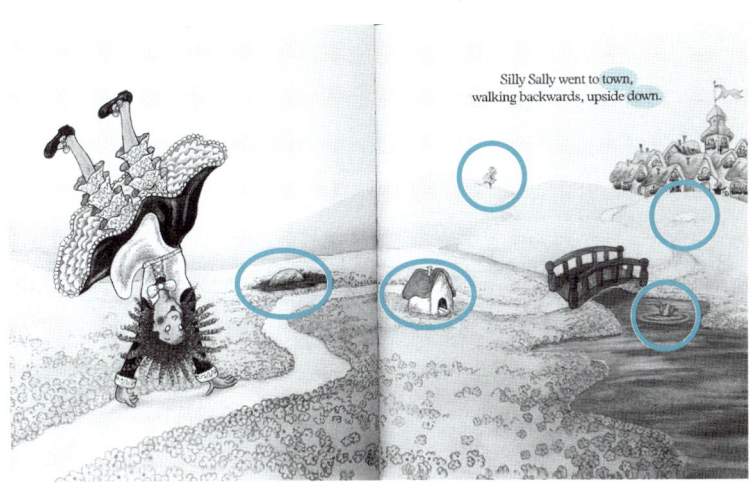

또한 매우 중요한 "다음 장의 내용을 유추할 수 있다.(predictable)"라는 특징을 가지고 있습니다.

이야기가 시작되기 전 전체 페이지에서 이 주인공 Silly Sally가 앞으로 만날 동물들의 모습들이 조금씩 힌트처럼 나와 있습니다. 그래서 아이들과 앞으로 나올 캐릭터들에 관하여 이야기 나눌 수 있습니다. 이때 팁을 드리자면 아이들에게 답을 맞추는 역할을 넘겨주세요.

예를 들어 핑크색 부분을 보면서 정답인 'pig'를 이야기한다고 "그래 맞아! 돼지야" 하면서 맞장구 쳐주시기보다는 "진짜? 진짜일까?

엄마(선생님)는 모르겠는데?" 혹은 "아닐걸~, 핑크색 베개야~"하면서 엉뚱한 답을 내시면서 다음 장의 페이지를 넘겼을 때 아이가 "거봐요! 제 말이 맞았지요?"하고 어깨를 으쓱할 수 있는 기회를 주세요. 그럼 아이는 매우 신이 나서 다음 장을 또 맞추고 싶어서 책읽기에 더더욱 적극적으로 참여하게 될 것입니다.

그리고 반복되는 문장 구조를 가지고 있는 특징으로 라임과 어우러져 소리 내어 읽으면 자연스럽게 리듬까지 타지는 이 책은 아이에게 읽어줄 좋은 영어 그림책을 고를 때 필요한 요건들을 모두 가지고 있는 훌륭한 책이 분명합니다.

: 아이에게 읽어주기 좋은 영어 그림책의 특징

- 캐릭터가 분명하다.
- 스토리가 있다.
- 반복되는 문장 구조와 소리가 들어있는 책
- 다음에 이어질 이야기를 예측할 수 있어야 한다.

이 이야기를 읽으면서, 읽고 나서 많은 이야기와 독후활동을 할 수 있습니다.

- 동물 이름[pig, dog, loon, sheep]
- 캐릭터
- Silly Sally라는 이름에 /s/라는 같은 소리로 두음이 맞추어져 있습니다. 다른 레터를 넣어서 재미있는 이름을 만들어볼까요? [ex: Billy Bally, Killy Kally, Milly Mally…]
- Upside down – right side up
- Walking, dancing, leaping, singing, sleeping… 등등

자 이제 답이 없는 질문들에 대해 생각해 보시겠습니까?

"Silly Sally는 왜 그 마을에 갔을까요?"

왜 중간에 만난 친구들까지 모두 함께 그 마을로 간 것일까요? 생각해 보신 적 있으십니까?

저는 이 책을 아이들에게 읽어줄 때마다 항상 이 질문을 던집니다. 물구나무서기를 해서 이 마을을 간 이유가 무엇일까? 도대체 왜? 왜 이 마을에 갔을까?

이 질문에 아이들의 대답은 참으로 신선했습니다.

- 사실은 Silly Sally는 물구나무서기 장인이었다. 그래서 도장 깨기를 하는 것처럼 마을을 찾아다니면서 그 마을의 물구나무서기 장인을 찾아서 대결을 신청하러 갔다.
- Silly Sally는 물구나무서기 후계자를 찾으러 다니는 중이다…

정말 많은 이야기들이 나옵니다. 그러다 6세 아이에게서 제가 듣고 싶은 답이 나왔습니다.

"행복을 전하려고요."

Silly Sally와 친구들이 마을로 찾아갔을 때 이들을 본 마을 사람들은 황당해하는 표정의 사람도 있고, 놀라는 사람도 있고, 좋아하는 아이도 있습니다. 그리고 마지막 장에는 모두가 함께 즐거워하면서 물구나무서기를 하면서 끝이 나죠.

또 질문하다 더 하겠습니다.

'물구나무'가 의미하는 것은 무엇일까요?
[종합/메타 하브루타 질문]

모두가 똑바로 걷는 현실에서 뒤집어서 걷는 물구나무 걷기가 의미하는 것은 무엇이라고 생각하십니까? 그것은 고정관념을 뒤집는다는 것의 상징이 아닐까요? 물구나무라는 것이 평범하고 지루한 일상에 주인공이 던져주는 '일탈의 행복'이지는 않을까요? 작가가 그걸 의도했든 안 했든 책의 해석은 읽는 독자의 몫이므로 사실 맞고 틀린 답은 없으니 여러분도 한번 생각해 보십시오. 그리고 아이에게도 한번 물어보십시오.

- Silly Sally는 왜 마을로 갔을까요?
- 왜 물구나무로 갔을까요?
- 여러분의 일상에서의 '물구나무'는 무엇입니까?

영어 그림책과
대화 중입니다

제8장

교사로서의
그림책 리터러시

함께 상상하고, 이야기 나누는 상호작용의
영어 그림책 읽어 주기 활동(Read Aloud)과
교사로서 영어 동화를 '영어교육'에 접목하는 일은
조금 다른 영역의 이야기입니다.

책을 소개하고 그 책의 중심 주제와
내용 파악이 위주가 된 활동만으로는
'영어'라는 언어의 세부적인 스킬을 습득하는 데에는
한계가 있기 때문입니다.

여기 Literacy(리터러시)로 아이들에게 영어를 가르치는 방법이 있습니다. 리터러시라는 것은 단어의 뜻으로만 풀어낸다면 말 그대로 '문해력', '글을 읽고 쓰는 능력', '글을 읽고 이해하는 능력'을 지칭합니다.

하지만 제가 학생들에게 풀어내고 있는 리터러시라는 것은 단순히 글을 읽고 쓰는 사전적인 능력이 아닙니다. 글을 읽고 쓴다는 것은 단순히 인쇄된 단어들을 해석해내는 것보다 훨씬 더 복잡하고 많은 기술들이 서로 유기적으로 움직여야 합니다.

글을 쓴 사람의 의도를 파악해내고, 행간을 읽어내며, 그것을 자신의 생각이나 선지식을 기반으로 해석해낸 후 더 나아가 발전시킬 수 있이야 합니다.

"Learn to Read."

그렇기 때문에 책을 읽기 시작하는 아이들에게 필요한 것은 책을 많이 읽어내는 다독이 아니라 책을 제대로 읽어낼 있는 방법에 대한 교육입니다.

모든 언어에는 두 가지 영역이 있습니다.
대인관계를 위한 회화능력 BICS(Basic Interpersonal Communicative Skill), 그리고 학문을 하는 입장에서 글을 읽고 단순 이해의 차원을 넘어 읽은 내용을 분석하고 종합 평할 수 있는 능력 CALP(Cognitive Academic Language Proficiency)가 있습니다.

사람들과 일상 이야기를 하며 친목을 도모하면서 쓰는 언어와, 글을 읽고 이해하고, 분석하고, 논리적으로 자신의 생각을 말하는 언어는 종류가 다른 것입니다.

영어도 마찬가지로 영어회화 능력은 BICS에 해당이 될 것이고, 아이들이 영어로 된 문학이나 글을 읽고 그 내용을 이해, 분석, 평가할 수 있는 능력은 CALP에 해당이 되는 것입니다.

이렇게 서로의 목적이 다른 언어를 한 가지 방법으로만 마스터하는 방법은 없습니다. 우리가 한국말로 일상대화는 잘하지만, 그런데도 학교에 가서 국어 시간에 학습을 하는 것처럼 말입니다. 말을 잘

한다고 해서 글을 잘 읽고 내용을 잘 파악한다는 공식은 없습니다. 그런데 많은 사람들이 영어에는 영어 회화만이 존재하는 것처럼 생각하는 경우가 많습니다.

'영어로 대화를 한다 = 영어를 잘한다.'

이런 식으로 말이죠.

어떤 것이 더 중요하다, 중요하지 않다는 것을 논하는 것이 아닙니다. 이 두 가지 능력이 적절하게 잘 조화를 이뤘을 때 가장 이상적인 언어의 습득이 아닐까 싶습니다.

영어의 BICS, 즉 영어 회화의 능력을 위해서는 가장 좋은 방법은 영어를 쓰는 환경에 노출되거나, 영어를 쓰는 사람과 매일 혹은 규칙적으로 대화를 나누는 것입니다. 요즈음은 온라인으로도 영어를 연습할 수 있는 프로그램이나, 영어를 쓰는 사람들을 만날 수 있는 기회와 선택의 폭이 넓어졌기 때문에 그것을 잘 이용하시면 좋습니다.

아이들에겐 좋아하는 애니메이션이나 영상 노출도 좋은 방법 중 하나이죠. 단! 기억하실 것은 이 BICS의 능력은 계속해서 제공되지 않으면 언제든 파도에 휩쓸린 모래성처럼 무너질 수도 있다는 것입니다. 외국에 나가서 한국말을 잃어버린 재미 교포들의 경우나, 한국에 와서 시간이 지나 자신의 나라의 말이 어색해진 외국인들의 경우처럼 말입니다.

학습언어라고 불리는 CALP 능력은 위에서 언급한 대로 문학이나 글을 읽고 그 내용을 이해, 분석, 평가할 수 있는 능력, 더 나아가 그러한 내용에 내 생각을 더해 논리 정연하게 말할 수 있는 능력을 의미합니다. 이 CALP라는 능력은 단기간에 습득될 수 없으며, 정보를 처리하는 프로세스의 방법을 습득하는 것이기 때문에 시간과 노력을 들여야 합니다.

하지만 자전거 타기나, 수영처럼 아이들의 뇌에 그 방법이 세팅되게 되면, 사용을 하면 할수록 더 발전되고 견고해지지, 사라지지 않습니다. 이러한 능력을 키워주는 것이 리터러시 수업의 목적입니다.

언어를 가르치는 교사에게는 그 두 가지 영역을 모두 가져갈 수 있는 체계적인 방법과 접근방법이 분명히 필요합니다.
그렇기 때문에 작가들의 수준 높은 원서의 문장을 읽어주면서(혹은 함께 읽으면서) 질문으로 상호작용하는 책읽기는 BICS와 CALP를 함께 키워줄 수 있는 가장 이상적인 첫 단추가 아닐까 싶습니다.

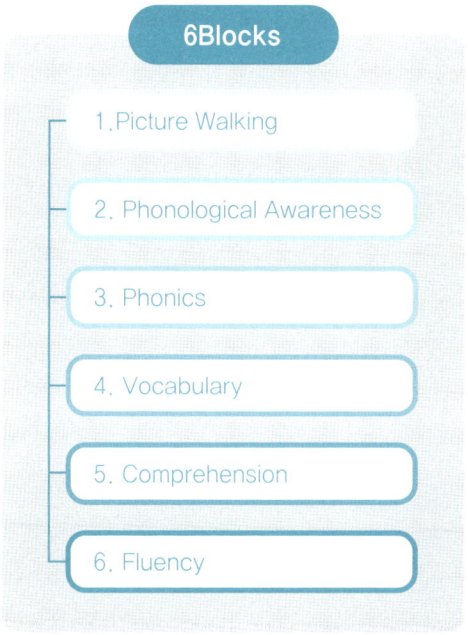

그 리터러시 수업의 핵심 틀이 바로 6가지 영역의 6Blocks입니다.

이중의 [Phonological / Phonemic Awareness], [Phonics], [Vocabulary], [Comprehension], [Fluency]는 읽기의 중요 5대 요소라고도 알려져 있습니다.

리터러시 수업은 이 6Blocks에 맞춰서 진행이 되는데, 보시다피시 한국에서 마치 영어교육의 시작이라고 보는 파닉스는 이 6Blocks의 한 요소입니다.

한국에서는 파닉스를 떼었냐 안 떼었느냐가 영어의 시작을 알리는 포인트로 작용하지만, 이 수업에서는 그렇지 않습니다. (참고로 말씀드리지만, 파닉스는 아기 기저귀 떼듯이 떼는 것이 아닙니다.) 파닉스가 중요하지 않은 것은 아니지만, 그것이 영어교육의 시작이자 끝은 아니라는 겁니다.

이렇듯 교사는 6가지의 요소들이 함께 균형을 맞추어서 아이들을 CALP 능력을 갖춘 reader로써 성장할 수 있도록 이끌어야 합니다.

1) Picture walking

그림 읽기는 아이들에게 책의 일러스트를 보면서 이야기 나누며 상상하고, 내용을 유추하는 많은 작업들을 말합니다.

2) Phonological Awareness

P.A라고 일컫는 이것은 음운인식으로 구어에서 사용되는 말의 소리들을 지각하고 조작할 수 있는 능력인데, 이것이 언어를 습득하는 데에 있어 매우 중요한 부분이라고도 할 수 있습니다. 이 활동은 기본적으로 문자를 제공하지 않으며 언어의 소리를 듣고 인지하는 활동으로 이루어집니다.

이 P.A는 다시 ❶ Rhymes(각운) ❷ Syllables(음절) ❸ Alliteration(두음) ❹ Patterns(초두자음과 각운) ❺ Phonemes(음소) 의 5가지 요소로 나눕니다.

❶ Rhymes(각운)
- 단어의 끝부분이 같은 소리로 끝나는 것을 말합니다.

예를 들어
cat / bat / rat의 단어들은 -at소리가 같기 때문에 Rhymes이라고 말합니다.
See / me / sea 의 단어들 역시 스펠은 다르지만 소리가 같기 때문에 Rhymes이라고 말합니다.

/Rhyme은 스펠과는 상관없이 소리로만 판단합니다./

이는 말해주는 교사가 단어를 길게 늘여서 발음해주며 단어의 같은 뒷소리를 인지할 수 있도록 가르칩니다.

❷ Syllables(음절)
이는 하나의 모음의 소리가 갖는 발음의 단위를 말하는 것으로 모음의 앞뒤로 하나 이상의 자음이 결합되면서 만들어집니다. 아이들

에게는 단어의 [음절]박자를 느껴보고 박수를 친다든지 턱이 움직이는 횟수를 카운트해서 그 음절을 인지하는 활동을 합니다.
예를 들어,

-cat [1음절] / ap-ple [2음절] / straw-ber-ry [3음절]

straw-ber-ry [3음절]이기 때문에 '스/트/로/베/리' 이렇게 5음절 발음이 아닌 3박자로 발음해야 합니다.

Cake와 snake 역시 [1음절]이기 때문에 한국식 '케/이/크', '스/네/이/크'의 하나하나 정확한 정박의 발음이 아닌 1박자 안에 모두 발음이 되어야 합니다.

이러한 음절 교육을 통해 단어 안에 강세를 익히고, 어떤 소리를 길게 발음하고 짧게 발음해야 하는지를 알 수 있기 때문에 영어를 정확하게 발음하는 데 아주 중요한 역할을 합니다.

❸ **Alliteration**(두음)
-단어의 첫소리가 같은 소리로 시작되는 것을 말합니다. 예를 들어,

A **b**ig **b**rown **b**ear **b**lew a **b**ule **b**alloon.

두음 /b/소리가 반복되어서 맞춰져 있습니다.

이러한 문장들을 읽다 보면 자연스럽게 리듬이 느껴지고, 리딩에 재미를 붙일 수 있습니다.

주로 텅 트위스터(Tongue Twister)를 이용하는데, 텅트위스터는 발음 연습뿐 아니라 유창성의 향상에도 효과적입니다.

— 텅 트위스터(Tongue Twister)의 예

See Sally and her sister Suzy

sing seven silly songs

❹ Patterns(초두자음과 각운)

1음절 단어는 하나의 초두 자음과 하나의 각운으로 이루어져 있습니다.

예를 들어 hug이면 'h'는 초두자음(onset)이 되고 '-ug'은 각운(rime)이 됩니다. 이때 '-ug' 각운을 중심으로 앞에 다른 초두자음으로 바꾸면 'bug/mug/rug/plug' 등의 여러 단어들을 함께 발음해낼 수 있습니다.

이런 패턴들은 영어단어의 기본이 되며 단어를 쓰고 읽는 데 도움이 될 뿐 아니라 단어를 핸들링할 수 있게 됩니다.

❺ Phonemes(음소)

하나의 단어를 더 이상 쪼갤 수 없는 소리까지 나누어 듣는 것을 훈련합니다.

예를 들면 cat은 /c/,/a/,/t/ 3개의 소리로 이루어져 있습니다.

단어의 최소 단위인 음소까지 들을 수 있다면, 그 음소에 따라 새로운 단어를 읽고 그 음소에 다른 문자를 결합하여 새로운 단어를 만들어낼 수도 있습니다.

그 단어를 이루고 있는 음소를 정확히 알게 되면 단어를 무조건 암기해야 하는 어려움을 덜 수 있습니다.

이 P.A 음운인식 능력은 선천적으로 주어지는 것이 아니며, 모국어로써 영어를 쓰는 그들조차도 가르침의 의도를 가지고 아이들에게 가르치고 있습니다.

이러한 음운인식의 중요성은 아이들이 단어를 읽는 능력에 도움을 줄 뿐 아니라 단어를 듣고 철자를 정확히 써내는 데 있어서 가장 중요한 변수가 됩니다.

3) Phonics

레터와 소리와의 관계를 말합니다. 여기서 중요한 것은 각각의 레터가 어떤 소리를 가지고 있냐가 아니라 그러한 레터와 레터가 만나내는 소리의 하모니를 가르쳐야 한다는 것입니다. 레터는 절대로 혼자 단독으로 소리를 내지 않기 때문입니다.

4) Vocabulary

여기서 어휘는 우리나라 티칭 방식처럼 단어집을 암기하듯 순서를 매겨서 외우고 시험을 보는 단어의 인지가 아니라, 그 책을 이해하는 데 필요한 어휘들을 의미합니다. [물론 고학년으로 올라갈수록 많은 어휘확장은 필수입니다.]

예를 들어 《Five little monkeys jumping on the bed》의 책의 내용을 이해하는 데에 필요한 'jump', 'call', 'bed', 'bump', 'doctor' 등의 단어들을 말합니다.

- HFW: 글을 읽는 과정에서 나타나는 빈도수가 높은 어휘를 일컫는 말로 "High Frequency Words" 혹은 "Sight words"라고 합니다.
이 HFW에는 파닉스의 규칙으로 읽히는 어휘들뿐 아니라 규칙이 적용되지 않는 단어들도 포함됩니다. 대부분의 책에 나오는 빈도수가 상당히 높기 때문에 굳이 파닉스 규칙을 적용해서 읽는다는 것 보다는 통문자처럼 한눈에 딱 보고 읽어낼 수 있는 단어들을 말합니다. (ex: a, and, away, the…)

그러한 콘텐츠 단어와 함께 HFW가 함께 어휘에 해당되는데, 이 vocabulary 역시도 개별적으로 단어의 수만을 늘려서 익히는 것보다 처음에는 문장 안에서 인지하고 문장 속에서 어떤 의미로 쓰였는지를 유추, 분석할 수 있도록 가르쳐야 합니다. Vocabulary 단어 역시도 단독으로 쓰이거나, 한국말로 1:1 매칭되어 오로지 한가지 뜻으로만 쓰이지 않기 때문입니다.

5) Comprehension

책의 전체적인 내용의 주요 줄기(주인공, 배경, 사건)를 파악하고 있으며, 줄거리의 흐름을 다시 리텔링 할 수 있어야 합니다. 사건이나 캐릭터의 등장 순서대로 나열할 수 있으며(sequence) 이야기에서 발생한 사건과 그 사건의 해결방안, 원인과 결과를 파악할 수 있어야 합니다. 이때 교사는 책을 질문들을 던지며 학생들이 책의 내용을 이해할 수 있도록 돕고 있는데, 그러한 활동들을 "Think Aloud"라고 합니다.

하지만 'Think'라는 단어를 하나의 의미로 단정지을 수 없듯이, 제가 더 중점을 두고 있는 'Think aloud'의 활동은 책의 사실적인 내용의 이해를 기반으로 자신의 관점에서 스토리를 재해석하고 확장하는 활동입니다. 즉 하브루타의 질문방식이 이곳에 적용됩니다.

아이에게 책의 이해를 기반으로 "너만의 결말을 만들어볼까?", "네가 주인공이라면 어떻게 했을 것 같아", "네가 작가라면 어떤 부분을 어떻게 이야기를 바꾸고 싶니?", "너도 주인공과 같은 감정이나 사건을 겪은 적이 있니? 그럴 때 어떻게 했었어?" 등의 질문을 던지고 함께 생각하고 이야기 나누는 활동을 합니다.

이 "Think Aloud" 활동이야 말로 책을 읽으면서 혹은 읽은 후에 아이와 함께 할 수 있는 가장 멋진 활동이 아닐까 싶습니다.

6) Fluency

여기에서 의미하는 유창성은 영어회화(BICS)의 유창성을 의미하는 것이 아닙니다. 책의 문장들을 정확하고, 그 내용의 흐름에 맞게, 감정표현이나 캐릭터들의 특성, 성격에 맞도록 유창하게 읽어내는 것을 말합니다. 이것은 단순히 단어들을 디코딩해내는 것이 아니라 내용의 이해를 기반으로 이루어져야 합니다.

이러한 모든 6가지 요소들이 유기적으로 작용하며 서로 도울 때 아이들의 진정한 읽기의 실력이 발전할 수 있는 것입니다.

이 중에서 1번째 Block인 Picture Walking은 즉, 그림을 보면서 그림을 읽어내는 작업인데 그러한 작업을 포함해서 책의 핵심을 아이들에게 잘 전달해줄 수 있는 'Read aloud(책을 소리내어 읽어주는)' 활동을 가장 중요하게 다루고 있습니다.

특히 한 권의 책으로 여러 차시의 수업을 하는 저희 교사들에게는 한 달의 교육을 결정지을 수 있는 아주 중요한 차시입니다. 이 첫 번째 시간에 소개하는 이 책에 대해 '정말 재밌는 책이야'라는 느낌을 각인시켜 주지 못하면 다른 다양한 교육 콘텐츠를 부가적으로 진행

할 수 있는 기회를 아이들은 잘 주지 않기 때문입니다. 아마 어머님들도 공감하실 거라 믿습니다.

그래서 무엇보다도 1차시에 책을 오픈할 때 선생님들은 가장 많은 연구를 하시면서 공을 들이십니다. 아이들은 매우 직관적이고 솔직한 독자이기에 재미없다고 생각하는 책은 두 번 펼치게 하는 자비를 그리 쉽게 베풀지 않기 때문입니다.

Literacy[리터러시]
+ Havruta[하브루타] + 다중지능

이 Literacy 방식의 티칭 스킬을 들여다보면 하브루타뿐 아니라, 아동 발달, 다중지능이론을 모두 품고 있습니다.

Literacy 수업에서 6Blocks중에 [1차시 Picture Walking], [5차시 Comprehension & Think Aloud], [6차시 Fluency] 단계에서 하브루타 질문들이 곁들여져서 아이들의 생각의 폭을 넓힌다면 다중지능이론은 모든 차시마다 리터러시의 활동과 맞물려져 있습니다.

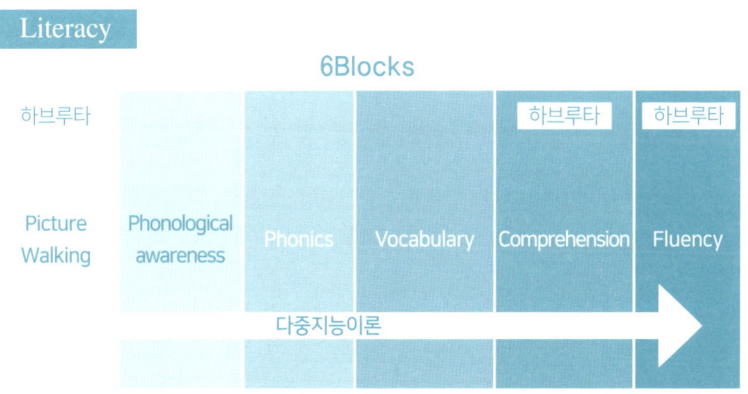

즉 이 리터러시의 티칭 방법은 아이들의 두뇌의 모든 영역들을 골고루 발달시킬 수 있도록 설계되어있다는 것입니다. 다중지능이론을 이번에는 리터러시 수업 활동들과 연관지어 설명해보겠습니다.

- **논리수학 지능:** Phonics 혹은 Vocabulary 시간에 주어진 단어카드나 그림카드를 교사가 제시한 기준으로 분류 활동을 합니다. 책을 읽은 후 이야기를 캐릭터의 등장 순서나, 사건의 순서대로 나열하면서 리텔링 하는 활동도 논리수학적 지능을 발달시켜 줍니다.

- **시간공간 지능:** 책을 읽고 나만의 결말을 그림으로 표현하거나 프로젝트식의 활동에서 책의 내용을 바탕으로 포스터나 미니북 만들기 활동 등을 합니다. 독후활동으로 여러 만들기 활동 역시 시간, 공간 지능 활동에 해당됩니다.

- **신체운동 지능:** 책의 캐릭터 혹은 action words 등을 몸으로 직접 표현해 보거나, TPR(전신 반응법)을 이용해서 문장을 표현해 봅니다. 간단한 단어, 발화게임을 몸을 움직이면서 합니다.

- **음악 지능:** 너서리 라임이나 텅트위스터, 문장 리듬읽기를 통해 영어 고유의 리듬감을 느껴봅니다. 영어 노래나 챈트를 이용한 수업역시 음악지능 발달에 기초하고 있으며, 음절(syllables)에 대

한 음운인지교육도 해당됩니다.

- **대인관계 지능:** 책을 읽어주면서 교사가 끊임없이 일러스트에 대한 리딩(picture Walking)을 하며 아이에게 질문을 합니다. "이 주인공의 표정이 어떤 것 같아? 왜 슬픈 것 같니? 왜 행복해하고 있어 이 상황에서 이 사람의 감정은 어떨 것 같아?" 또는 이 주인공은 어떤 목소리와 어떤 느낌으로 말했을 것 같은지 등에 대해 이야기 나누면서 역할극을 하는 것 역시 해당됩니다.

- **개인이해 지능:** 리터러시 수업 활동 중 'Think Aloud' 활동으로 "내가 만약에 주인공이라면 어떻게 했을까? 나라면 이 상황에서 어떤 말을 했을까?" 등으로 책의 내용을 파악하는 질문의 초점에서 읽는 '나'로 확장된 질문에 답하는 활동이 이에 해당됩니다. 책의 내용을 '나'라는 관점에서 해석하고 나아가 독자의 이야기로 재탄생시키는 활동입니다.

- **자연친화 지능:** 우리가 살고 있는 지구에 대한 이야기, 물의 여행에 대한 이야기, 애벌레가 나비가 되는 과정을 담을 이야기, 동물에 대한 이야기 등등 우리 주변의 자연에 대한 이야기를 주제로 책의 스토리와 어우러져 활동합니다.

마지막으로 언어지능은 영어라는 언어를 티칭하기 위한 것이니 이 모든 활동을 포함하고 있으며, 우리는 영어뿐만 아니라 어떤 언어이든 언어가 가진 존재의 의미와 기능을 극대화하고 배우며 발전시켜 나가야 합니다.

이렇게 제가 사랑하는 이 세 가지(리터러시+하브루타+다중지능이론)는 서로 유기적으로 아이들의 이해기반 리딩을 뒷받침하고 있습니다.

제9장

영어 그림책의
또 다른 묘미,
리듬읽기

모두가 래퍼가 되는 신기한 마법. 영어 리듬읽기

영어 그림책의 매력은 스토리에서,
또 일러스트에서 넘치게 느낄 수 있죠.
근데 거기에 하나 더!
영어는 강세 박자 언어(stress Timed Language)라는 특징 때문에
전문 래퍼가 아니어도
한국 책과는 달리
더 쉽고 재밌게
리듬읽기라는 것이 가능합니다.
즉, 우리말은 각 음절의 길이가 모두 같아서 강약이 없지만,
영어는 강세에 따라 박자를 맞춰서
'강약, 강약'과 같이 말을 하기 때문에
자연스럽게 리듬감이 생깁니다.

영어 그림책 읽기의
또 다른 묘미, 리듬읽기

영어 문장들이 자연스레 노래도 될 수 있고, 랩도 될 수 있는 영어만이 가지고 있는 재미를 느껴본다면 아이들도 영어를 즐길 수 있는 또 하나의 이유가 되지 않을까요?

일련의 단어나 구의 첫음절에서 특정 소리를 반복하는 것을 'Alliteration(두운법)'이라고 하는데, 이것 역시도 리듬감을 느낄 수 있습니다. 'tongue twister'를 이용해서 재미있게 리듬감을 느끼면서 말장난을 하며 놀 수 있죠.

(속도를 점점 빠르게 하면서 게임처럼 읽어보세요)

Tongue twister #1

A big black bug bit a big black bear,
made the big black bear bleed blood.

Tongue twister #2

[She sells seashells by the seashore]

She sells seashells by the seashore.

The shells she sells are seashells,

I'm sure.

So if she sells seashells on the sea shore,

Then I'm sure she sells seashore shells.

Tongue twister #3

[Peter Piper]

Peter Piper picked a peck of pickled peppers.

A peck of pickled peppers Peter Piper picked.

If Peter Piper picked a peck of pickled peppers,

Where's the peck of pickled peppers Peter Piper picked?

Dr. Seuss(닥터 수스)
& Joy Cowely(조이 카울리)

'리듬 읽기' 하면 작가 닥터 수스와 조이 카울리의 책들을 빼놓을 수가 없습니다. 특히 미국의 동화책 작가이자 만화가인 닥터 수스는 영어권에서 사랑받는 대표적인 작가입니다. 《Green Eggs and Ham》을 비롯한 여러 책들은 전문 래퍼뿐만 아니라 많은 학생들이 비트에 맞게 랩처럼 읽은 영상들을 유튜브에서 흔하게 보실 수 있습니다.

저는 닥터 수스의 책 중에서는 어린아이들에게는 《The Eye Book》을, 큰 친구들에게는 《Green Eggs and Ham》을 꼭 한 번씩 리듬읽기를 하도록 지도합니다.

리듬읽기에 좋은 책   Green Eggs and Ham   Book

다음으로 제가 너무나 좋아하는 작가 조이 카울리의 〈Wishy Washy〉 시리즈입니다.

Joy Cowely는 뉴질랜드의 그림책 작가로 어렸을 때 자신과 같이 읽는 것에 어려움을 겪는(난독증) 아들을 위해 글을 배우기 시작하는 어린 독자들을 위해 쉽고 재미난 스토리를 쓰기 시작했습니다.

그녀의 Wishy-Washy 리더스 시리즈 책 대부분이 리듬읽기가 가능하지만, 그중에서도 특히 《The Jigaree》, 《The Jumbaroo》, 《What Next?》, 《Kitzikuba》와 같은 책들은 리듬읽기가 너무나 재미있는 대표적 사례입니다.

The Jigaree　　The Jumbaroo　　What next?　　Kitzikuba

특히 그녀의 〈Wishy Washy〉 시리즈의 책은 픽쳐 북의 장점과 리더스 북의 장점을 모두 지니고 있어서 이제 막 영어를 읽기 시작하는 아이들에게 최고의 교재입니다.

Wishy-Washy day

Nursery Rhyme(너서리 라임)
리듬읽기

그럼 이번엔 영미문화를 이해하는 데 필수인 Nursery Rhyme을 리듬읽기를 해볼까요?

너서리 라임이란 영미 유럽권의 입에서 입으로 전해오는 이야기로, 라임이 살아있어서 말놀이 하듯 읽는 재미가 있고, 현대의 다양한 이야기에서도 은유나 비유를 통해 내용이나 캐릭터들이 재창조 되거나, 등장합니다. 그렇기 때문에 너서리 라임이 이야기나 이야기 속 캐릭터들을 알고 있으면 여러 이야기 속에 카메오처럼 등장하는 캐릭터들을 찾아보는 쏠쏠한 재미를 느낄 수 있습니다.

또한 그 너서리 라임이 만들어진 역사적 배경이나 뒷이야기들을 아이들과 함께 나누다 보면 영미문화권의 역사적인 사실이나 문화적인 모습도 함께 익힐 수 있습니다.

자, 이제 대부분 노래로만 접하셨을 이 너서리 라임을 래퍼처럼 리듬읽기로 해보겠습니다.

먼저 자장가로도 많이 불리는 〈Twinkle, Twinkle Little Star〉입니다.

Twinkle, twinkle, little star,
How I wonder what you are!
Up above the world so high,
Like a diamond in the sky.
Twinkle twinkle, little star,
How I wonder what you are!

랩처럼 4리듬읽기 하기 편하도록 묶어 보겠습니다.
박자는 쿵. 쿵. 쿵. 쿵 이렇게 4박자로 비트가 타집니다.

Twinkle / **t**winkle / **l**ittle / **s**tar,

How I / **w**onder / **w**hat you / **a**re!

Up a / **b**ove the / **w**orld so / **h**igh,

Like a / **d**iamond / **i**n the / **s**ky.

Twinkle / **t**winkle / **l**ittle / **s**tar,

How I / **w**onder / **w**hat you / **a**re!

반짝반짝
작은별 리듬읽기
샘플영상

- 진하게 되어있는 부분의 발음에 포인트를 넣어서 읽어주세요

하나 더 해보겠습니다. 이번엔 애니메이션에도, 다른 그림책에서도 약방에 감초처럼 빠지지 않고 등장하는 Humpty Dumpty입니다.

Humpty Dumpty sat on a wall,
Humpty Dumpty had a great fall.
All the king's horses and all the king's men
Couldn't put Humpty together again.

이것 역시 쿵. 쿵. 쿵. 쿵 이 네 박자 비트로 묶어 보겠습니다.

Humpty / **D**umpty / **s**at on a / **w**all,

Humpty / **D**umpty / **h**ad a great / **f**all.

All the king's / **h**orses and / **a**ll the king's / **m**en

Couldn't put / **H**umpty to / **g**ether a / **g**ain.

- 진하게 되어있는 부분의 발음에 포인트를 넣어서 읽어주세요.

그냥 박자를 타기 힘드시다면 비트를 까지고 해보시면 훨씬 더 자연스럽게 리듬읽기를 하실 수 있습니다.
수업 때도 저는 많이 이용하는 편인데 참고하시라고 알려드립니다.

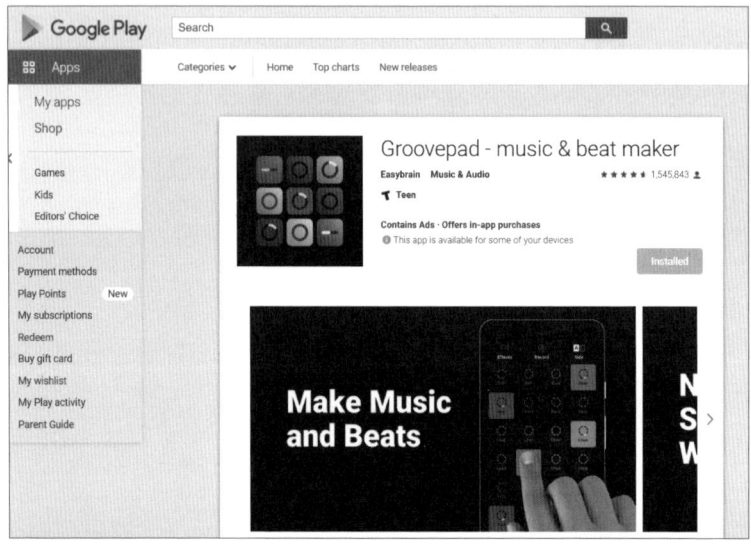
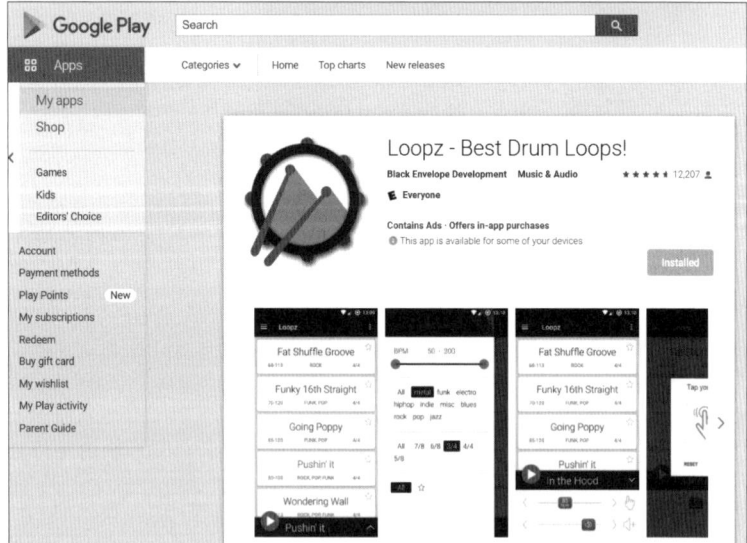

앱을 다운받아서 알맞은 비트를 깔고 아이들과 함께 리듬읽기를 해보십시오. (비트 관련 다른 앱들도 많습니다. 참고하세요.)

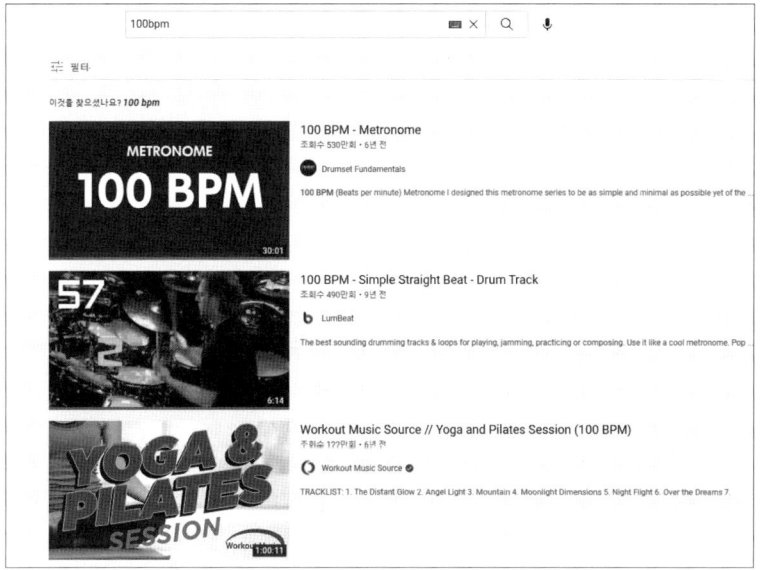

또 다른 방법은 유튜브에 100bpm으로 검색해서 나오는 비트 중 알맞은 것을 고르기도 합니다.

(80bpm처럼 숫자가 작아질수록 박자가 느려지고, 120bmp, 200bmp처럼 숫자가 커질수록 박자도 빨라집니다.)

Epilogue

　영어 그림책을 선택한 이유는 모두 제각각의 이유가 있을 것입니다. 그 이유가 무엇이든 모두가 옳습니다. 그것은 내 아이를, 학생을 사랑하고 더 좋은 것을 주고 싶은 마음에서 비롯된 것이기 때문입니다.

　우리의 역할은 책으로부터의 메시지를 아이들에게 전해주는 전달자입니다.
　우리는 '상상과 현실의 그 중간 어디쯤'으로 아이를 끌어오는 것.
　그리고 그다음은 아이에게 온전히 맡기시면 됩니다.
　그 스토리를 어떻게 느끼고, 해석하고, 상상할지…, 그리고 또 어떻게 창작해 낼지는 아이들의 몫입니다.
　그 과정에서 '영어'는 살며시 따라가는 '덤'입니다.

　부디 그 처음에 그림책을 선택하신 첫 마음을 잃지 마시고, 그림책이기 때문에 가져갈 수 있는 것들을 아이와 충분히 모두 누리시며, 영어라는 것을 학습의 수단이 아닌, 언어로, 문화로, 그리고 함께 나눈 정서적 교감의 추억으로 즐기실 수 있기를 진심으로 바랍니다.

그림책으로 우리와 함께 울고 웃으면서 나눈 그 경험이 아이로 하여금 훗날 어떠한 마법을 부리게 할지 아무도 모릅니다.

이제 이 책을 덮으시고 그림책을 펼치십시오. 그리고 그 그림책의 작가가, 책의 일러스트가, 책의 문장이, 책의 여백이 여러분께 던지는 질문들을 귀 기울여 들어보세요. 그리고 그 질문들을 아이와 함께 이야기 나누어 보십시오.

그리고 잊지 마세요. 정답은… 없습니다.
아이들은 언제나 옳으니까요.

Knock! Knock!
You've got messages from the book.

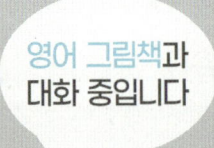

영어 그림책과
대화 중입니다

부록

추가_책 분석의 예

1. The Wheels on the Bus.
Illustrated by Annie Kubler

 관련 영상 바로가기

이 책은 너서리 라임으로 노래로 훨씬 익숙한 스토리입니다.

너서리 라임이기 때문에 여러 버전이 있고, 가사도 조금씩 다릅니다.

"Swish! Swish! Swish! / Beep! Beep! Beep! / Chat! Chat! Chat! / Wah! Wah! Wah! / Ssh! Ssh! Ssh!"와 같은 재미있는 소리들을 아이들과 함께 즐기다 보면 어느새 책 한 권을 노래로 혹은 챈트로 흥얼거릴 수 있습니다.

그런데 혹시 이 책을 노래로만 부르셨습니까?

이제는 책을 한 장 한 장 일러스트와 함께 아이와 이야기 나누면서 읽어보십시오.

: 읽어주기 Tip

이 책을 읽을 때의 가장 포인트가 되는 것은 다급하게 따라오며 '버스를 세우는 사람이 과연 이 버스를 탔을까? 못 탔을까?'입니다.

"Hey! Stop! I want to get on this bus! Stop! Stop!"

버스 안의 사람들은 삐에로 아저씨를 보았지만 버스운전사 아저씨는 보지 못한 것 같습니다.

아이들에게 페이지마다 '버스를 타려고 뛰어오는 사람이 과연 버스를 탔을까? 타지 못했을까?'에 대한 질문을 하시면서 읽어주시면 됩니다. 아이의 대답과 반대되는 역할을 하시면 되는 것입니다.

"탔을 것 같아요."
"아닐걸? 이것 봐! 운전자 아저씨는 이 사람을 못 본 거 같은데? 한번 볼까?"

하나, 둘, 셋! 하며 다음 장을 넘겨주면 과연 그 사람이 탔는지 버스 안에서 그 사람을 초집중하면서 찾아내고는 "여기 탔어요!"하며 신나 하는 아이들의 모습을 보실 수 있을 것입니다.

: 책으로 놀기

준비물은 포스트잇과 색연필만 있으면 나도 작가가 될 수 있습니다.
우리도 생일 파티에 초대를 받았습니다.
"어느 페이지에서 버스를 타고 싶어?"
"누구 옆에 앉고 싶어?" 에 대해 질문을 던지시고 아이가 직접 자신을 그려 마음에 드는 페이지에 붙이게 합니다.

이제 이 버스는 아이도 함께 타고 가는 버스입니다.

Vroom! Vroom!

"Hooray! 생일 파티에 도착했어!"
"Happy Birthday!"

"너는 이 중에서 어떤 활동을 하고 싶어?"

"어떤 음식을 먹고 싶어? 어떤 음식이 더 있었으면 좋겠어? 음식을 더 놓아보자"

"생일 주인공은 누구일까?", "생일인 친구에게 어떤 선물을 주고 싶어?" 등등의 질문을 던지시고 아이가 직접 꾸미는 The Wheels on the Bus의 이야기를 들어보세요. 포스트잇만 넉넉하게 준비해주시면 아이들의 이야기는 계속 이어질 것입니다.

: Tip

- 처음의 버스 그림에는 없다가 한 장 한 장 넘겨지면서 나타나는 wipers(와이퍼)와 Horn(경적)을 찾아보세요.
- 각 페이지마다 있는 동물들은 무슨 이야기를 나누고 있을까요? (말풍선을 그려 넣어 보세요)

: 포스트잇 활동의 다른 예

너의 좋아하는 친구는 누구야?
그 친구와 무엇을 하면서 놀고 싶어?

생일 파티의 주인공은 누구야?

너는 어떤 (음식/선물)을 준비했어?

2. The Tiny Baker
by Hayley Barrat and Alison Jay

작은 곤충들을 좋아하는 두 작가가 만나서 탄생한 《The Tiny Baker》입니다. 특히 그림작가 Alison Jay의 그림 위에 깨진 듯한 금이 간 특이한 화법은 보는 사람으로 하여금 마치 도자기 위에 그린 그림의 느낌과 벽화를 보는 듯한 착각을 일게 합니다.

이 귀여운 그림과는 달리 책을 펼치면 각종 디저트의 용어와 생소한 단어들로 당황하시는 분들이 많습니다.

"어떻게 아이에게 읽어주지?" "모르는(발음하기 힘든) 단어들이 너무 많아!"하고 말입니다.

이 책에 나오는 모든 단어를 완벽하게 읽어주어야 한다는 부담감은 내려놓으시고 책과 아이와 즐겁게 이야기하며 연결해 볼까요? 리딩이나 발음은 잠시 원어민 CD에 맡기고 말입니다.

: 책으로 놀기

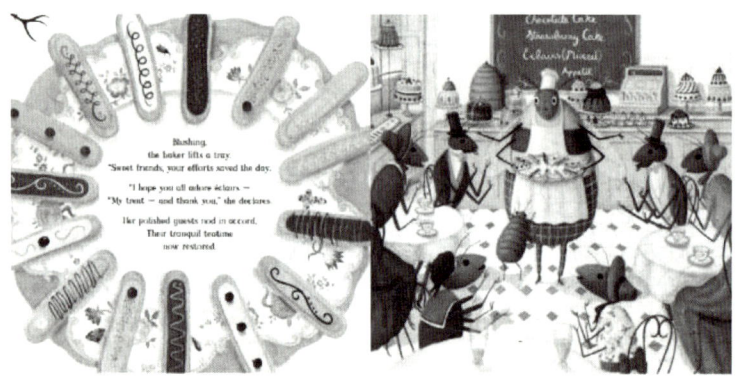

책의 뒷장의 커버 페이지입니다. 이 책을 아이에게 처음 보여주실 때 이 뒷장이 아이의 디저트 접시 자체가 되는 것입니다.

이 책을 뒤집어서 웨이터처럼 한 손에 접시처럼 들고 "디저트 타임!" 하면서 서빙해 보시는 것은 어떠십니까?

어떤 것을 먹을래? 각각의 Éclair(슈 페스트리로 만든 작은 타원형의 크림 페이스트리)를 아이와 함께 고르시면서 어떤 맛이 날까? 누구와 먹을까? 등등을 아이와 함께 고민해 보세요.

아이가 고르고 나면 맛있게 냠냠 먹는 놀이를 해보세요. 아이 입에다 넣어주시고, 말도 안 되는 맛이 난다고 너스레도 떨어보세요.

> "응? 이건 김치맛이 나! 너의 것은 무슨 맛이나?
> 응? 이젠 삼겹살 맛도 나는 것 같은데?"

그렇게 아이에게 즐거운 감정이 아이의 마음과 뇌를 열게 만드신 후,

> "이것을 어디서 사 왔는지 알아? 여기 맛집인가 봐. 이것을 먹으려는 친구들이 줄은 엄청 길게 섰더라고~ 어? 이것 봐! (왼쪽 상단에 이 디저트를 가져가려는 곤충 손이 보입니다.) 우리 이 디저트 가게에 한번 가볼래?" 하시면서 책을 뒤집어 앞페이지를 짜잔~하고 소개해 줍니다.

그럼 아이들은 자신이 영어를 이해하고의 여부를 떠나서 이 책의 스토리가 궁금해서 페이지를 열지 않을 수가 없을 것입니다.

(이제 스토리의 노래 CD여도 좋고, 원어민 리딩 CD도 좋고 함께 틀어주면서 보셔도 좋습니다. 물론 첫 번째 소개할 때는 문장을 읽지 않고 그림만 보면서 아이와 이야기를

유추하시면서 보시는 것도 너무 좋습니다.)

이 스토리가 시작되는 페이지에 메뉴판 보이십니까? 필기체로 써 있는 디저트 용어들…. 무슨 글씨일까 고민하시지 마시고 아이들과 함께 나만의 디저트 가게로 꾸며보실까요?

역시나 필요한 것은 포스트잇과 (색)연필이면 됩니다. 아이에게 아이만의 메뉴판을 만들게 하신 후 책 메뉴판 부분에 붙여주세요.

진열 테이블에 추가하고 싶은 디저트 메뉴들을 포스트잇에 그리게 하셔서 붙여주세요. 꼭 관련 그림카드나 단어카드를 준비하시지 않아도 책과 포스트잇이면 새로운 아이만의 책으로 재탄생될 것입니다.

자신의 이야기가 함께 들어있는 이 책을 아이는 몇 번이고 또 열어 볼 것이고, 어머님들은 그럴 때 원어민의 CD나 음원을 들려주신다면 이 스토리 속의 영어 문장까지 아이들에게 스며들 수 있습니다.

　영어는 살짝 거들 뿐 아이들은 세상에서 가장 맛있고 예쁜 디저트 가게의 주인이 되어서 책 속에서 상상하며 즐거운 시간을 보낼 것입니다.

: 깨알 그림 찾기 Tip

　턱받이를 하고 있는 달팽이 신사분을 찾아보세요.
　스토리 처음부터 끝까지 호수에서 스케이트(?) 타고 있는 소금쟁이를 찾아보세요.
　쇠똥구리가 굴리면서 가지고 가는 것은 무엇일까요?
　나비(나방) 날개로 멋진 드레스를 입은 숙녀분들 중 어떤 드레스가 가장 마음에 드십니까?

3. Today is Monday
by Eric Carle

: 책으로 놀기

이 책도 책 자체를 메뉴판으로 사용해보세요. 아이가 책을 보면서 메뉴를 고르게 하시고, 메뉴를 받은 엄마나 선생님은 다시 책을 요리로 세팅하셔서 함께 나눠 먹어보세요.

콩은 따가운 고슴도치 가시를 피해서 잘 가지고 와야 합니다.

스파게티는 누가 누가 면을 끊어지지 않게 길게 먹는지 한번 시합해 보실까요? 혹은 가장 긴 스파게티 면을 찾아볼까요? 아! 물론 뱀

이랑 마주치지 않게 조심해야 합니다.

　수프는 뜨거우니 조심하셔야 해요! 아이에게도 수프가 너무 뜨거우니 "후후~" 불어서 꼭 식혀서 먹게 해주세요. ^^

　고기는? 어쩌죠? 고양이가 손에 꼬옥 쥐고 있습니다. 어떻게 하면 저 고기를 가지고 올 수 있을까요? 고깃덩어리는 먹기에 너무 큽니다. 먹기 좋게 좀 잘라 주시겠습니까?

　생선은 너무 신선해서 팔딱팔딱 도망가려합니다! 어서 잡아요! (책을 펄럭거리면서 도망다니세요. 아이가 잡으러 쫓아갈거에요)

　무슨 맛 아이스크림을 먹을까요? 아이스크림은 떨어뜨리지 않게 몇 층까지 쌓을 수 있을까요? (책을 손바닥 위에 세워서 아슬아슬하게 아이와 함께 아이스크림 상상쌓기 놀이를 해보세요)

　앵무새가 나와서 이야기하는 페이지는 책을 팔을 뻗어 높이 올리시고 마치 새의 날갯짓을 하는 것처럼 펄럭거리면서 읽어주세요. 아이들의 시선에선 정말 새가 나는 것처럼 느껴질 것입니다.

　(이 활동을 책을 펼쳐 놓고 하시면서 영어가 스며들도록 책의 문장을 계속 말해주시면 가장 좋고, CD나 음원을 이용하셔도 좋습니다.)

4. The GRUFFALO
by Julia Donaldson

The GRUFFALO

  이 책은 너무나 유명한 책이기도 하지만 많은 분들이 아이들에게 읽어주었는데 실패(아이들이 재미없어했다는)했다는 이야기도 종종 들려오는 책이기도 합니다.

  그도 그럴 것이 이 책은 생쥐가 위험을 벗어나기 위해 거짓말을 합니다. 그런데 나중에 정말 자기가 말한 생물체가 눈앞에 나타났을 때의 상황을 이해 수가 있어야 재밌는 이야기이기 때문입니다.

게다가 역으로 그 Gruffalo(그라팔로)까지 속여서 자신이 이 숲속에서 가장 무서운 존재임을 확인시켜주는 그 상황까지도 말입니다. 물론 저 커다란 갈색 괴물같이 생긴 그림만으로도 좋아하는 아이들이 있기도 하지만, 정말 스토리를 이해할 수 있으면 그 재미가 배가 될 것입니다.

: 읽어주기 Tip

이 책의 리딩 포인트는 과연 저 생쥐가 말하는 'Gruffalo'라는 존재가 '있을까? 없을까?'입니다.

그럼 책 커버 페이지에 버젓이 나와 있는 저 Gruffalo의 그림은 처음에 가려져야 합니다. 포스트잇도 좋고, A4지를 이용하셔도 좋습니다. 저 갈색 괴물을 가리시고 아이에게 책을 소개해 주시는 겁니다. 그리고 처음 들어보는 'Gruffalo'라는 책 제목과 이름을 재미있어 하면서, '도대체 Gruffalo가 무엇일까?' 하는 궁금증을 가지고 책의 이야기를 시작하시는 겁니다.

아이와 함께 'Gruffalo'라는 괴물이 나올 때까지 "말도 안 돼~. 이렇게 생긴 동물이 어디 있어! 이런 동물은 없어!", "아냐~있을지도 몰라~"하면서 큰 갈색의 주황색 눈을 갖고 있고, 검은색 혀와 등에 보라색 가시를 가진 생물체의 존재 여부를 가지고 끊임없이 이야기를 나누시면서 읽으셔야 합니다.

그렇게 책의 클라이막스에서 Gruffalo를 만나면서 아이들과 함께 그 괴물이 실존한다는 것에 놀라시면서 즐거워하시면 됩니다.

> "앗!! 진짜였어?? 정말 이런 괴물이 있었다고??
> 이름이 Gruffalo라고??"

그런데 과연 생쥐는 Gruffalo의 존재를 진짜로 알고 있었을까요? 아니면 그냥 생각나는 대로 상상하며 말한 것인데 실제로 나타나 버린 것일까요?

5. On Market Street
by Anita Lobel

: 읽어주기 Tip.1

그림만 보고 있어도 이야기보따리가 풀어지는 책《On Market Street》입니다. 꼬마 아이가 누군가의 선물을 사러 Market Street을 가서 알파벳 순서대로 가게에 들러 물건을 고를 예정입니다.

알파벳 가게마다 각 알파벳으로 시작하는 단어로 만들어진 사람을 만나게 되는데 책을 이리저리 돌려가면서 어떻게 배열되어서 이 사람이 만들어졌는지를 구경하는 것만으로도 너무나 재미있습니다.

: 읽어주기 Tip.2

"무엇을 살까? 오렌지 어때? 멋진 악기를 고를까? 넌 어떤 색깔의 털실이 좋아?" 등등 정말 각각의 가게에서 쇼핑하듯이 아이들과 책을 즐기십시오.

아! 충동구매를 막기 위해 쇼핑리스트를 준비하시는 것은 어떠십니까?

딱 10개씩만 살 수 있습니다. 정말 꼼꼼히 보시고, 잘 비교하셔서 10개만 고르셔서 리스트에 적으셔야 합니다. 가격도 매겨볼까요?

그리고 이제는 대충 감을 잡으셨습니까? 책 자체가 그림 카드이자, 놀이 교구이자 상상놀이의 재료입니다.

음식은 냄새도 맡고 가장 맛있어 보이는 것을 골라서 맛있게 아이와 나누어 먹습니다.

: 책으로 놀기

F   Flowers에선 꽃향기도 맡으시고, 책을 접어서 Will you marry me?

J   Jewels는 "와! 예쁜 것 골라서 우리도 꾸며보자!"

K   Kites는 책을 연처럼 날려볼까? 책 자체를 높이 들어서 연처럼 날리는 것처럼 보여주세요.

S　　Shoes (책의 냄새를 맡으며) 윽! 이게 무슨 냄새지?! 발 냄새!! 그래도 우리 맘에 드는 신발을 골라 책을 신발처럼 신어볼까?

H　　Hats 마음에 드는 모자를 골라서 머리에 써보자!
　　　"Wow! How nice!"

6. The Old Alligator
by Mathew Price and Atsuko Morozumi

: 읽어주기 Tip

The Old Alligator

커다랗고 늙은 악어가 3마리의 아기 오리를 한 마리씩 "Snap! Snap! Snap!" 할 때마다 아이들의 표정이 굳어갑니다.

("Snap! Snap! Snap!" 할 때는 책이 악어의 입이 되는 것처럼 책을 닫아주면서 읽어줍니다.)

남은 아기 오리가 온 힘을 다해 도망가보지만 역부족이네요. 결국 한마디도 안 남았을 때 최고조의 슬픈 감정을 더해서 읽어주면 아이들은 넋을 놓고 다음 장을 넘겨주길 기다리고 있습니다. (감정선을 따라

읽어 주기 좋은 책)

그런데 저기서 나비를 따라 나들이를 나온 아기 코끼리가 오네요? 어? 어? 아기 오리 세 마리를 모두 잡아먹고 낮잠을 자고 있는 악어를 못 본 거 같아요!

Flat! Flat! Flat!

우리도 아기 코끼리처럼 악어 아저씨에게서 아기 오리를 구해볼까요?

: 책으로 놀기

"Flat! Flat! Flat!"이라는 단어에 맞춰서 악어를 직접 밟아서 악어 아저씨 뱃속에 들어 있는 아기 오리를 구하고 있습니다.

7. Five Little Men in a Flying Saucer
Illustrated by Dan Crisp

: 읽어주기 Tip

반복되는 재미있는 문장으로 숫자와 함께 지구 환경 오염이라는 주제에 대해 이야기 나눌 수 있는 이 책은 연령에 따라 여러 난이도로 풀어낼 수 있습니다.

5명의 외계인이 우주선을 타고 지구에 옵니다. 하지만 온통 실망스러운 모습뿐입니다. 환경오염으로 죽어가는 지구의 모습을 보며 우주선에 한 마리씩 Fly away 합니다.

지구의 모습에 실망해서 다시 자신의 별로 돌아가려는 것일까요?

우주선에 남아있는 외계인의 표정은 슬프거나 걱정이 가득한데 밖으로 날아가는 외계인은 웃고 있습니다. 왜 그럴까요? 아이와 함께 외계인의 표정을 보면서 이야기 나누어 보십시오.

그리고 다음 장에는 어떤 외계인이 우주선으로부터 날아갈지 맞춰 볼까요?

(엄마나 선생님은 외계인이 어떤 순서로 날아갈 지 연필로 연하게 체크해 놓으시고 정답을 피해서 밀당하면서 읽어주세요. 질문의 정답을 맞추는 영광은 아이에게 주십시오.)

: 책으로 놀기

책을 세워서 동그랗게 지구를 만듭니다. 우리는 이 지구를 지켜주면서 조심스레 문장을 말하거나 노래를 불러서 끝까지 마무리를 해야 합니다.

Five little men in a flying saucer flew round the world one day. They looked left and right,

but they didn't like the sight…

so one man flew away!

(아이가 어리면 노래로, 큰아이들은 문장을 직접 발화합니다.)

활동을 하는 동안 이 소중한 지구가 쓰러지거나, 지구를 터치하면 안 됩니다. 중간중간 Stop! 을 외치면 모두 얼음이 되어서 그 자리에 앉아야 합니다.

이 활동을 하는 동안 아이들에게는 책의 문장이 계속 반복되어 제공되면서 즐거움이라는 감정과 함께 기억 속에 저장될 것입니다.

8. Up, Up, Up! Written by Susan Reed / Illustrated by Rachel Oldfield

하늘을 날 수 있다는 것만으로도 아이들에게 호기심을 자극할 수 있는 책이지만, 작가가 자신의 딸과 함께 부른 노래도 매우 신나고 매력적입니다. 노래와 함께 책을 펼쳐서 함께 보고 있으면 함께 "up, up, up!" 할 수 있을 것 같은 착각이 들기도 합니다.

- balloon-moon / high-fly / fast-blast / way-day / climb-time 라임(Rhymes)들을 찾기
- 교통수단에 대해 확장하기
- Animals 과 Things(하늘, 땅, 바다에 있는 것으로 분류)
- 스토리 속 장소와 특징에 대한 이야기 등등

: 읽어주기 Tip

이 책의 특징은 제목 그대로 열기구를 타고 "위로! 위로!" 올라가며 벌어지는 세계여행(마지막엔 달나라 여행까지!)을 하는 이야기입니다. 그림이 책은 보여줄 때부터 책 자체가 자꾸자꾸 위로 올라가는 책입니다. 마치 풍선에 매달린 책처럼 말입니다.

아이들에게 책이 자꾸 위로 올라가는 이 책을 너무 너희들에게 읽어주고 싶어서 간신히 잡고 읽어주는 것이니 이 책이 날아가 버리기 전에 빨리 함께 읽어보자고 하면서 보여주십시오.

이 책을 읽는 동안 아이들이 계속해줘야 할 것이 하나 있습니다. 아이들이 이것을 함께 해주지 않으면 우린 이 책의 다음 장을 넘길 수가 없습니다.

이 열기구는 바람을 타며 세계여행을 하고 있습니다. 그러니 바람이 필수이죠. 아이들에게 한 장 한 장 넘길 때마다 입으로 "후~" 바람을 만들어 달라고 하세요. (부채질이든 무엇이든 좋습니다.)

"너희들이 도와주지 않으면 우리는 이 책을 읽을 수가 없어" 버전입니다. 아이들에게 책을 읽는 동안 '할 것'을 주시는 겁니다.

이 열기구가 다음엔 어디로 갔는지 알고 싶으면 혹은 또 다른 곳으로 갈 수 있도록 바람 역할을 아이에게 맡기시고 책을 함께 읽어보세요. 아이들은 한 장 한 장 정성을 다해서 바람을 만들어 줄 것입니다.

"이제 다음 어디로 갈까? 바람을 만들어 줄래? 준비되었어?
하나, 둘, 셋! 후우~!!"

: 책으로 놀기

"Up, up, up, up in a balloon. Up so high I can touch the moon."
이 문장을 가지고 책과 함께 놀아볼까요?

책의 페이지마다 moon과 sun이 번갈아 가며 나오고 있습니다. 앞의 문장을 함께 말하면서 책을 높게 들고 아이가 직접 책으로 touch the moon(sun)을 하도록 놀아주세요.

물론 책을 들고 도망 다니셔도 좋고, 살짝 더 높게 들거나 책의 위치를 바꿔서 아이가 다른 곳을 터치하게끔 재미를 더하시면 더욱 좋습니다.

꼭 moon이나 Sun이 아니어도 좋습니다. 그림의 어떤 이름이든 위의 문장에 넣으셔서 단어의 확장 활동을 하셔도 좋습니다.

마지막 달에 도착했을 땐 어떻게 해야 할까요? 무중력상태의 모습으로 아이와 놀아주시면 더 재밌겠죠?

(산소공급을 위해 일단 우주복부터 입으시는 것은 어떠세요?)

9. Little Cloud
by Eric Carle

Little Cloud

하늘의 구름을 보며 동물들 모양, 하트모양 등등 상상해보지 않는 사람이 있을까요? 작은 구름이 다른 구름들의 무리에서 떨어져 나와 혼자만의 시간을 즐기는 듯합니다.

작은 구름은 자신이 그동안 여행하면서 보았던 것들로 직접 모습을 바꾸어 봅니다.

Sheep ⋯> airplane ⋯> shark ⋯> trees ⋯> rabbit ⋯> hat ⋯> clown

그리고는 다시 돌아온 다른 구름들과 함께 비구름을 만들더니 비가 되어 내립니다.

일러스트가 심플하고 직관적이어서 아주 어린 아기들만을 위한 책이라고 생각하실 수 있지만 문장들은 그리 심플하지만은 않아서 유아에게 읽어주실 때 어떻게 읽어주어야 하는지 막막하실 수도 있는 책입니다.

: 읽어주기 Tip

어린 유아들에게 이 책을 작가 Eric Carle의 다른 대표작《Brown bear, brown bear, what do you see?》책의 문장을 이용해서 읽어보겠습니다.

"**Brown bear, brown bear**, what do you see?"의 문장을
"Little cloud, little cloud, what do you see?"로 바꿉니다.

그리고 아이에겐 바람을 따라 여행하는 구름에게 위의 책《up, up, up!》처럼 바람을 만들어 달라고 부탁하십시오.

즉 "Little cloud, little cloud, what do you see?"라고 읽어주시고 아이에게 "후~"하고 바람을 불어 달라고 하신 후, 그 바람에 따라 다음 장을 넘기시면 됩니다.

그리고 다시 한번《Brown bear》책의 문장을 이용해서,

"I see a white (sheep-airplane-shark-trees-rabbit-hat-clown), looking at me."

이렇게 같은 작가의 다른 책의 문장을 사용해서 조금 더 심플하게 읽어주시면 아이들과 또 조금 다른 방식으로 이 책을 즐기실 수 있습니다.

: 책으로 놀기

구름의 모양을 몸으로 표현하며 무엇인지 맞추기 놀이를 해 보시고, 이번엔 "Up, up, up, up in a balloon. Up so high I can touch the moon."의 문장을 이용해서 moon 부분의 명사를 (sheep-airplane-shark-trees-rabbit-hat-clown)로 바꾸어서 다시 한번 책을 들고 뛰어보시겠습니까?

《Up, up, up!》 책과 《Little Cloud》 책을 친구처럼 묶어 읽어주세요. 하늘을 매개체로 아이는 두 책을 넘나들면서 상상의 나래를 펼칠 것입니다.

10. Mrs. Wishy-Washy
by Joy Cowely

뉴질랜드의 가장 유명한 작가인 조이 카울리는 난독증으로 힘들어 하는 아들을 위해 처음 글을 쓰기 시작했고, 지금까지 어른과 어린 이를 위한 책 1,000여 권을 펴냈습니다.

어린이용 영어 읽기 책인 《위시 워시 리더스(Wishy Washy Readers)》 시리즈는 우리나라에도 소개되어 많은 사랑을 받고 있습니다.

이 《위시워시 리더스(Wishy Washy Readers)》는 구어체와 문어체의 적 절한 조화를 이루고 있으며 상상력이 풍부한 일러스트와 위트, 재치

있는 스토리로 아이들에게 리딩에 흥미를 갖게 합니다.

그중에서도 왠지 작가의 이미지와 비슷한 Mrs. Wishy-Washy 아줌마와 씻기 싫어하는 동물들의 이야기는 아이들이 가장 사랑하는 시리즈가 아닐까 싶습니다.

: 읽어주기 Tip

동물이 나오기 전 페이지에서 동물 울음소리를 내며 다음 장에 나올 동물들을 맞춰보게 합니다.

진흙에서 노는 동물들의 페이지에선 어떤 소리가 들리십니까? 아이와 함께 소리를 내어 볼까요? 그런데 Mrs. Wishy-Washy 이 스토리는 진흙에서 신나게 놀고 온 동물들을 보고 위시위시 아줌마가 소리를 지릅니다.

"Just look at you!"

여기에서 'look'이라는 단어가 두껍고, 크기가 다른 단어보다 큽니다. 그럼 어떻게 읽어야 할까요? 작가 Joy Cowely는 이렇게 책에서 단어의 크기와 두께로 책을 읽는 독자들과 소통하고 있습니다. 어떻게 읽어야 이 책을 더 재미있고, 유창하게 읽을 수 있는지 가이드하고 있는 것입니다.

그 부분을 더 크고, 힘을 주어서 "Just look at you!"

여기서 아이들에게 아줌마가 화가 났다고 전달하시기보다는 "이런 말썽꾸러기 녀석들!"의 느낌으로 읽어주세요. 왜냐하면 진흙놀이를 하는 것은 화가 날 만큼 더럽거나, 해서는 안 되는 행동이 아니기 때문입니다. 아이들도 언제든지 할 수 있는 놀이이고, 어쩌면 옷과 몸이 더러워졌다고 싫어하는 엄마의 눈을 피해서 하고 싶은 놀이일 수도 있습니다.

즉 신나게 진흙에서 노는 동물들에게 감정이입을 해서 대리만족을 느끼고 있을 수도 있기 때문이죠. 그러니 화가 난 목소리보다는 조금 "아이고, 이걸 어떻게 하지?"하는 느낌으로 읽어주세요.

: 책으로 놀기

자, 그럼 이제 위시워시 아줌마를 도와서 이 동물들을 씻겨 볼까요? 씻길 때마다 재미있는 소리가 납니다.

Wishy-washy, wishy-Washy!

집에 있는 어떤 종류의 브러시도 좋습니다. 아이가 그림으로 직접 그린 것도 좋고, 그냥 티슈 한 장도 좋습니다. 직접 책에 함께 동물을 씻겨줍니다.

브러쉬로 책에 직접 동물친구를
"Wishy-washy, wishy-Washy!"

Wishy-washy, wishy-Washy!
Wishy-washy, wishy-Washy!

앗! 그런데 세상에! 돼지의 엉덩이가!!!

아이에게 차마 보여줄 수 없다는 듯이 막 가려보세요. 아이는 더 궁금해하고, 보고 싶어합니다.

그렇게 돼지의 엉덩이가 페이지를 가득 채운 매우 우스꽝스러운 페이지를 아이와 함께 재미나게 즐기신 후 함께 돼지를 씻겨주시고, 왠지 부끄러워할지도 모르는 돼지 친구에게 멋진 커버를 만들어 주자고 합니다.

그리고 말풍선 포스트잇을 이용해서 목욕을 할 때 동물들이 어떤 기분이었을지 생각해 보고, 만약에 동물들이 말을 할 수 있었다면 어떤 말을 했을지에 대해 생각해 보고 적어 보십시오.

이 활동은 'Character Talk'라는 활동으로, 스토리를 기반으로 아이들의 생각을 확장하는 활동으로 하는 이해 활동 중 하나입니다.

이 말풍선 활동은 아이들의 생각이나 표현력을 꺼내는 것이 주 목적이므로 영어가 아니어도 괜찮습니다. 저렇게 자기만의 방법과 표현으로 책의 스토리에 참여한 아이들은 책을 다시 반복해서 펼치지 않고는 못 배길 것입니다.

　이제 아시겠죠? 책과 아이를 연결해 주면 그때 영어라는 것은 살며시 아이에게 물들 것입니다.
　잊지 마십시오. 우리가 우선적으로 고민해야 하는 것은 '영어를 어떻게 가르칠 것인가'가 아닌 '아이와 책을 어떻게 연결할 것인가'입니다.

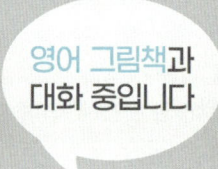

COMMENT

[유아영어강사@joyblueonthemoon]

재미있는 그림책인가를 판단하는 여러 가지 요소가 있겠지만 레이첼 선생님과의 강의를 통해 글 작가와 그림작가 외에도 책을 읽어 주는 사람이 어떻게 읽어주느냐에 따라서도 이는 크게 좌우된다는 것을 알게 되었습니다.

예전에는 눈에만 보이는 단편적인 사실을 보고 picture walking을 하고 아이들에게 질문했다면, 지금은 아이와 그림책을 연결해 줄 요소를 찾고 그것과 연관된 질문을 찾게 되고 그로 인해 아이들이 그 그림책에 흥미를 느끼고 다시 아이들이 반복적으로 그 책을 찾는 것을 보며 놀라고 있습니다.

또한 6blocks을 통해 아이들은 그 영역 안에서 그 요소들을 유기적으로 연결하고 본인이 흥미를 느끼고, 그런 영어 그림책을 통해 영어를 배우고 있습니다.

그 즐거운 경험으로 앞으로도 영어를 긍정적인 대상으로 바라보고 스스로 공부할 수 있는 단단한 밑거름이 되길 바라고,

저 역시 제가 만나는 아이들에게 그림책이 주는 메시지를 더욱 더 잘 전달하는 교사로 성장하고 싶습니다.

[원서전문 교습소 Jinny @ihyeonjin7454]

저에게 그림책은 독자로서도, 교사로서도 너무너무 매력이 넘치는 소통의 매개체입니다.

그러한 그림책을 아이들에게 일방적으로 주는 것이 아닌, 교사는 그림책과 아이들을 연결해 주는 매개체라는 교육이념과 6블럭이라는 교육방법을 장착하게 되었습니다.

그러면서 어떤 책을 읽어주어도 아이들의 생각을 확장하며, 학습적으로는 주고 싶은 것을 정말 명확하게 줄 수 있으며, 교사도 아이도 모두 함께 즐겁게 영어를 즐길 수 있게 되었습니다.

영어학습을 잘하는 아이가 아닌 영어를 잘~ 즐길 수 있는 아이!! 너무 매력적입니다!!

많은 분들이 함께 공유하고 더욱 소통하며 리터러시의 힘이 커지길 진심으로 응원합니다.♡

[원서공부방 Lucy @smiley_lucy_teacher]

레이첼 선생님의 리터러시를 현장에서 적용하며 제가 정한 학습 목표에 아이들을 맞추는 게 아니라 아이들의 발달단계를 이해하며 시의적절한 스캐폴딩을 제공하는 친절한 교사가 될 수 있었어요.

특히 6 blocks로 균형있게 잘 짜여진 수업을 하며 독립읽기 단계로까지 잘 이끌 수 있다는 자신감을 갖게 된 것은 물론이거니와 소리 구분이 안 되거나 스펠링이 어렵거나 생각을 표현하는 데 어려움을 겪는 등 학습자들이 처한 다양한 상황에 대처하고 개선시키는 방법들을 알게 되었습니다.

초두자음도 구분하지 못하던 아이들이 이제 자유롭게 먼저 substitution을 하고, "몰라요~"가 입버릇이었던 아이들의 창의성이 팡팡 터지는 리터러시의 매력에 같이 빠져보아요!

[유아전문강사 @ezkids_english]

레이첼 선생님의 리터러시 강의를 들으며 더욱 확신이 들었어요. 더는 아이들에게 토막 난 단락 글을 보고 해석시키는 일이 없어졌어요. 우리말로 번역해서 써보라던가, 문제를 풀기 위한 기술적 리딩을 하지도 않게 되었어요. 오히려 어디에도 없는 질문을 던지고, 책의 결말에 대한 아이들의 생각을 묻는 Think Aloud 활동을 하며 상호 작용에 더욱 신경 쓰게 되었습니다. '영어'보다 '스토리'를 전달하는 선생님이 되었어요. 스토리의 힘이 얼마나 큰지 느끼게 해주신 레이첼 선생님, 진정한 리터러시를 펼쳐주셔서 감사합니다.

[유아전문강사 @eungyeong3255]

 레이첼 선생님의 리터러시 수업을 듣고 나서 저의 느낌은 두서가 없이 얼기설기 장황했던 동화책 수업에 튼튼한 뼈대가 생겼고, 그 튼튼한 뼈대에다 살붙이기와 이것저것 예쁜 옷 입히기도 할 수 있는 무한한 확장의 탄탄한 기본기를 기를 수 있었다는 것이었습니다.
 더불어 나에게서 하대받던 '위시워시'의 숨겨진 진가를 알게 해 준 너무나 뜻깊고 감사하고 소중한 시간이었습니다.

[@tangerine_fam]

    레이첼 선생님의 수업을 들은 후 제가 지금까지 제 딸아이에게 읽어줬던 책들이 다시 새롭게 보이더라고요.

    이전에는 책의 글을 처음부터 끝까지 읽은 후 그냥 덮었다면, 지금은 책 속에 숨겨진 보석들이 보입니다. 그림에서도 깨알 같은 디테일, 그리고 놓쳐서는 안 되는 작가의 의도와 의미가 담겨 있더라고요. 6블록으로 하나씩 그림책을 파헤치다 보니, 아이와 집에서 엄마표 영어를 하는데 큰 틀이 잡히고, 저 또한 함께 그림책을 읽고 아이와 대화히며 노는 시간이 즐거워졌습니다. 좋은 가르침을 주신 레이첼 쌤 감사드려요.

[유아 전문강사 @minjee_nim]

    유아 영어 교사로서의 저는 레이첼 선생님을 만나기 전과 후로 나뉩니다! 예전의 나에겐 그림책은 아이들에게 영어를 가르치는 도구에 불과했지만 지금의 나에겐 아이들과 마음까지 나누는 소중한 보물이 되었습니다! 그림책! 그냥 읽어도 좋습니다! 하지만 사랑하는 아이들과 생각과 마음을 나누는 그림책 읽기를 하고 싶다면 이 책이 그 해답이 될 거예요!

[영어원서 공부방 @minimini016]

그림책에 쓰인 언어가 모국어인 한글이든, 외국어인 영어이든 가장 중요한 건 아이와 그림책을 연결하는 단단한 고리였어요.

레이첼 선생님이 사용했던 전문적인 용어 훅!!(hook)

스토리를 들여다보기 전에 훅을 걸어놓으면 아이들이 책 옆으로 바짝 다가와 어떤 이야기 세상이 펼쳐질지 궁금해하는 반짝이는 눈동자를 잊을 수가 없답니다.

그림책에 등장하는 캐릭터. 배경. 사건들 이 모든 것들을 사랑할 수밖에 없게 만드는 레이첼 선생님의 맛깔스러운 스토리텔링에 관련된 모든 것을 책으로도 만나볼 수 있다니, 엄마표를 진행하시는 학부모와 그리고 영어 그림책을 읽어주는 선생님들께 진심을 다해 추천하고 싶습니다.

[영어그림책 강사 @ja_tan_poong78_rich]

저는 영어를 무척 좋아합니다. 게다가 그림책을 무척 좋아합니다. 잠자리 독서로 우리말 그림책으로 10년째 하는 중입니다. 하지만 영어 비전공자이면서, 오리지널 국내파인 저에게 유아 영어의 기준은 모호했었고, '무엇을? 어떻게? 왜?'가 명확하지 않았기에, 방향을 잡고 나아가기엔 역부족이었습니다. 즉, 흩어진 직소 퍼즐이었습니다.

그러다 듣게 된 영어 리터러시 수업. 결론은, 유레카!

전 레이첼 선생님의 리터러시 수업 중 가장 최고는 'phonological awareness'입니다.

P.A - 화려한 교수 자료보다 화려하게 질 높은 수업, 이보다 더 다양하게 접근할 수 없다.

Phonics - 소리로 귀를 틔우니 문자에도 눈뜬다.

Voca - 기본에 충실한 소리는, 문자를 만들고, 문자는 다양한 어휘를 키운다. 즉, 삼위일체.

Comprehension - 하브루타 질문으로 아이들의 마음을 두드려라. 입이 먼저 열릴 것이다.

Fluency - 아이들에게 기적을 선물한다.

한마디로, 내가 레이첼 선생님의 영어 리터러시 수업을 만난 것은 기적이었습니다. 그 기적을 내 아이에게 가장 빠르게 적용했고, 아이는 학교 영어 선생님보다 재미있다고 해줘서 행복합니다.

 그녀의 수업대로, 저는! 기본이 탄탄한 리터러시 교수법으로, 내 아이를 더 사랑하며 또 내 아이가 아닌 아이들까지 사랑하며 영어 그림책을 리터러시 교수법으로 소리가 즐겁고 어렵지 않게 그림책을 즐길 수 있도록 도울 것입니다.

[초등영어 전문강사 @hilee_happy36]

 교사로서 아이들을 '어떻게 가르칠 것인가'를 끊임없이 고민한다. 레이첼 선생님의 그림책 공부법은 영어 교사로서 올바른 방향으로 갈 수 있도록 방향을 잡아주었고, 가르치는 선생님과 아이가 모두 행복할 수 있는 교육법을 알려주셨다.

 영어가 처음이라 낯선 아이들도, 영어를 문제집으로 배우던 아이들도 그림책과 함께면 어느새 책에 푹 빠져들어서 맘껏 상상의 나래를 펼치고 있었다. 단순히 영어가 아닌, 책을 읽는다는 것이 아이에게 어떤 의미인지 알게 해주셨다.

 속도가 빠르다고 해서 결승선에 먼저 도착하는 것은 아니다. 너무 많은 것을 주려 하지 말고, 항상 아이의 시각에서 아이를 배려하며 가르치라고 말씀하신 선생님의 말씀을 기억한다. 아이는 영어책을 읽는 것에 있어서 행복감을 느끼고, 이러한 감정이 아이의 영어실력 향상을 가져왔다. 아이와 행복하게 그리고 긴 레이스를 힘있게 나아가기 위해서 레이첼의 'Fromthebook'을 통해 우리 아이들에게 소중한 이 시간들을 놓치지 않으셨으면 한다.

[원서공부빙 @jungyoung0509]

아들을 키우면서 그림책으로 영어를 노출하게 되면서 그림책에 빠지게 됐어요. 결혼 후 잠시 쉬고 다시 아이들을 가르치면서 AR지수 높은 아이들과 수업을 하게 되었는데 책에 대한 질문을 하면 내용도 모르고 앵무새처럼 줄줄 읽어내는 것에만 길들여진 아이들이 생각보다 많더라구요.

어떻게 하면 재미나게 내용을 전달할 수 있을까에 대한 목마름을 느끼다가 레이첼 선생님의 리터러시 수업을 듣게 되었습니다. 6블럭으로 책을 읽기 전과 후의 활동들. 소리를 어떻게 가르치는지 배우게 되었어요.

수업에 접목시키면서 레벨이 낮은 아이들도 원서를 모르는 아이들도 영어가 즐겁고 재미난 거라는 것을 아이들에게 전할 수 있었어요.

아직 부족하지만 선생님께 배운 6블럭으로 푼다면 어떤 수업이든 재미나게 전달할 수 있겠다는 자신감이 생겼어요. 너무 감사드려요!

[유아전문 영어강사 @english_class_for_kids]

다양한 영어 콘텐츠와 강의법이 난무하는 요즘 시대에 레이첼 선생님의 강의를 들으면서 '밸런스 리터러시가 답이구나'하고 깨달았습니다.

실제로 아이들과 함께 리터러시의 기본요소인 6blocks를 하나씩 다루고 책을 읽어주며 하브루타 방식으로 질문을 이끄니 수업이 한층 풍부해지고 아이들은 제가 가르친 그 이상으로 성장해 나가고 있음을 경험했습니다.

영어를 가르치는 교사로서 그림책과 아이들의 세상을 연결해 주는 작업과 그 안에서 아이들이 신나게 놀고 있는 모습을 보면서 느끼는 보람은 이루 말할 수 없었습니다. 게다가 그림책 안에 있는 콘텐츠를 받아들이며 쑥쑥 느는 영어 실력은 덤이네요.

레이첼 선생님을 만나기 전과 후 교사로서의 마인드뿐만 아니라 티칭의 전반적인 부분이 다듬어져 이제는 어떠한 그림책도 분석하고 아이들과 나눌 수 있을 것 같습니다. 감사합니다.

[원서 전문 공부방 @myheartenglish]

그림책이 좋아서 이 좋은 그림책을 아이들과 나누고 싶은 마음으로 수업을 하던 저에게 레이첼 선생님의 수업은 이 좋은 것을 어떻게 나눠야 하는지 정확하게 제시해 주었습니다. 탄탄한 이론을 바탕으로 수업 시연과 피드백을 통해 교사로서 자신감과 확신을 주는 수업입니다.

[초등 방과후 영어강사 sunny @vensamin2000]

그림책 수업은 정말 어렵다. 딱 정해져 있는 방법이란 게 없기 때문이다. 그런데 레이첼 쌤의 그림책 수업을 듣고 생각이 달라졌다. 핵심은 그림책에 아이가 빠질 수 있게 연결을 자꾸 시켜주는 것이다. 그 노하우를 들으니 교사인 나부터 그림책이 재밌어지는 것 같다. 아이가 그 그림책에서 이어지는 뭔가가 하나라도 있어서 그것에 빠지면 게임은 끝인 것이다. 그걸 배웠다. 왜 이때까지 이런 걸 가르쳐 주는 곳은 없었단 말인가~? 이제 그림책 수업이 즐겁고 행복하기까지 하다. 정말 그림책 수업을 한다면 레이첼 선생님 수업을 꼭 한번 들어보길 강추한다!

[원서전문 교습소 @teacher_jessie_]

  입시 강의만을 하다 선생님의 수업을 듣고 나서, 유아 영어라는 것이 무엇이고 어떻게 가르쳐야 하는지. 아이들에게 무엇을 중점적으로 넣어주어야 하는지, 그리고 제일 중요한, 나는 어떤 마음으로 아이들을 대해야 하는지에 대해 처음부터 새로 배웠어요.

  선생님이 안 계셨더라면 저는 지금처럼 재미있게 가르치지 못했을 거예요. (진심…)

[원서전문 공부방 @ws_gina]

　영어 공부방 운영 중인 Gina입니다! 아이가 중심이 되고 아이와의 관계가 중요하다는 출발점!! 영어학습이 아닌 아이 발달단계에 따른 진정한 영어교육!
　무엇보다 영어 그림책을 영어 그림책 그 이상을 보게 해주셨습니다.
　영어 리터러시를 통해 우리 아이들이 단순히 영어책을 읽어내는 것만이 아닌, 제대로 이해하고 사고의 폭을 넓혀주는 교육을 덕분에 제대로 하고 있답니다. 선생님의 깊이 있는 교육과 리터러시가 널리 널리 퍼져나가기를 기원합니다.

[영어전문 강사 @jenny.love.lee]

　유·초등 영어강사로 활동한 지 10년 차이지만 영어를 트레이닝과 주입으로만 가르치는 게 맞는지 늘 마음 한구석 고민이 많았답니다.
　그러는 중 노부영 세미나에서 뵈었던 레이첼의 리터러시 수업을 듣게 되었습니다. 아이들을 영어 그림책이란 커다란 바다에 풍덩 빠질 수 있도록 하는 그 힘이란 정말 대단한 것 같습니다. 그리고 영어를 책과 연계해서 배울 수 있는 힘, '6blocks'를 듣는 순간 '이거구나! 이거면 아이들에게 완벽한 수업을 해줄 수 있겠어.' 하는 생각이 번뜩 들었습니다. 지금은 아이들에게 더 즐겁고 체계적인 수업을 해주고 있습니다.

또한, 레이첼 선생님은 제 수업의 모든 고민과 궁금증을 한 번에 해결해주셨습니다. 좀 더 빨리 뵈었다면 얼마나 좋았을까 하는 생각도 있었습니다. 좀 더 많은 영어 선생님들께서 영어 그림책과 6blocks를 아셨으면 좋겠습니다. 앞으로 더 열심히 6blocks와 그림책의 매력을 알려주셨으면 좋겠습니다.

[원서전문공부방 @englishsuksuk]

영어를 가르치는 데 있어 우리 아이만큼은 뻔한 학습 영어를 가르치고 싶지 않았어요. 대형학원에서 오래 강의도 해봤고 대학원 진학도 했지만 늘 한켠에는 영어를 가르치는 것에 있어서 허전한 마음을 지울 수가 없던 거예요.

학습 영어가 아닌 어떻게 하면 영어를 언어로서 받아 들일 수 있을까 오랫동안 고민하던 찰나에 리터러시를 만납니다.

그리고 영어 그림책을 맛깔스럽게 읽어주시는 레이첼 선생님을 만났어요. 이 시점을 계기로 저의 영어 티칭 스킬이 달라졌습니다.

영어 그림책에 눈을 뜨게 해주셨어요. 많은 강의도 들어보았지만 가장 현실적으로 그림책을 내 것으로 가져가는 힘을 길러주셨어요. 단순한 CQ가 아닌, 하브루타식 질문부터 시작해서 이 책의 주인공은 캐릭터가 아닌 '나' 또는 '아이가' 주인공이 되어 그림책에 몰입이 되어있는 신기한 경험을 하게 됩니다. shared reading을 이론이 아니라, 직접 활용할 수 있는 힘을 길러주셨어요. 늘 말씀하셨던 내가 하는 것에 대한 당위성을 가지게 되었습니다. 이번을 빌미로 다시 한번 레이첼 선생님께 존경을 표합니다. 감사하고 사랑해요. 선생님!

[영어도서관 강사 @imarina84]

지난해 레이첼 선생님을 만나 리터러시를 접하게 된 것은 큰 행운이었습니다. 수업을 들으면서 6blocks에 기반한 영어책 읽기 활동, 특히 그중에서도 PA(phonological Awareness) 학습법, 소리를 중심으로 하는 영어학습법 등, 선생님으로부터 배운 것들을 현장에서 적용해 나가며 개인적으로 많은 발전과 성과가 있었습니다.

하지만 사실, 이런 이론적인 가르침을 모두 제쳐두더라도 선생님의 강의 중에서 가장 핵심은 선생님 또는 부모가 아이들과 함께 책을 가지고 함께 노는 것이라는 가르침입니다. 이런 인식을 기반으로 하는 책읽기는 그동안 제가 아들과 함께해 온 '읽어주기 바빴던 독서' 활동에 반성을 하게 되었고, 큰 변화를 가지고 왔습니다. 엄마가 일방적으로 책을 읽어주는 것이 아닌, 아들과 함께 책을 가지고 노는 즐거움을 알게 되었고, 영어책을 즐기는 아들의 모습을 지켜보며 기쁨과 큰 보람을 느끼고 있습니다. 정말 필요한 시기에 선생님을 만나 진정한 책읽기가 무엇인지 큰 깨달음을 얻을 수 있도록 도와주셔서 진심으로 감사드립니다.